Deux Mondes

Collection LES MOTS DU SILENCE

www.renaissens-editions.fr

Les éditions Renaissens publient les écrits d'auteurs aveugles, sourds, handicapés et de toute personne souffrant de l'exclusion.

Christelle Luongkhan

Deux Mondes

Témoignage

Renaissens

À la mémoire d'un homme que le talent a rendu immortel,
qui m'inspire et m'ouvre la voie dans le monde de la mode,
que j'admire depuis que je suis enfant ...
à Karl Lagerfeld.

Ils pleuraient dans l'ombre noire

Le dimanche 9 août 1998, un être naquit à l'hôpital Princesse Grace de Monaco. Un pays étranger. J'étais prématurée. À peine huit mois dans le ventre de ma mère.

J'étais dans une couveuse car je ne respirais pas bien. Sur moi, il y avait beaucoup de tuyaux. Ma *maternelle* était triste de voir dans quel mauvais état j'étais.

Mais j'avais beaucoup de cheveux, comme mon père. Adorable, douce, calme et assez fragile puisque ma peau était fragile.

Après quelques mois, j'allais mieux. Mes parents me voyaient heureuse.

À onze mois, ma mère voulut m'appeler. Elle m'appela. Sans arrêt m'appela puis s'inquiéta car elle ne comprenait pas ce que j'avais. Je souriais, je jouais dans le salon comme si de rien n'était. On aurait dit que je ne ressentais rien.

On m'emmena alors chez un docteur qui s'appelait Nathalie. Elle contrôla, mon corps, mon ouïe… Elle apporta des réponses : je n'entendais pas, j'étais sourde profonde. Mes parents restèrent sans voix, en état de choc.

Ma mère dit à mon père : « J'ai honte que ma fille soit sourde, que vais-je faire d'elle ? J'ai peur pour son avenir… » Il lui répondit : « Si tu ressens vraiment de la honte alors tu n'as qu'à me quitter. Moi, je garderai toujours ma fille, ma fille si précieuse. Je ferai tout pour elle, je ferai n'importe quoi pour elle. »

Elle se sentait mal et il lui fut difficile de m'accepter, d'accepter que je sois différente. Pourtant, elle fit beaucoup d'efforts par la suite.

Quand mes parents voulurent enfin croire que j'étais malentendante (au début ils en doutaient) ils furent très tristes. La nuit, ils pleuraient. Ils pleurèrent pendant des mois, dans l'ombre noire…

Plus tard, nous nous rendîmes chez les parents de mon père, pas loin de chez nous, à cinq minutes à pied. Dans la même commune : Beausoleil.

Mon géniteur parla à son père. Il lui annonça la mauvaise nouvelle : j'étais sourde. Mon grand-père lui répondit : « Ce n'est rien. Ne t'inquiète pas. Ta fille sera intelligente dans le futur et je l'accepte comme elle est ».

Mes parents voulaient avoir confiance mais au fond ils n'avaient plus d'espoir.

Mes grands-parents maternels étaient affligés. Ils se faisaient beaucoup de souci pour moi. Ils avaient mal. Ils *baignaient* dans la souffrance et l'inquiétude…

Tous mes *apparentés* cherchaient à faire quelque chose pour aider, ils faisaient des recherches, réfléchissaient à des solutions.

Avec de la peinture on formait des sons

Quand j'eus un an et demi, nous nous rendîmes à l'hôpital de Nice pour mon problème d'ouïe. Le docteur introduisit dans mon conduit auditif des prothèses qui émettaient des sons aigus. Quand il les ajusta correctement il n'y eut plus aucun bruit. Tout le monde fut content. Mes parents le remercièrent et nous rentrâmes à la maison.

À deux ans, je m'amusais en zigzaguant toute seule dans le salon. Ma mère m'appela. Elle pensait qu'avec ces nouvelles prothèses auditives j'allais entendre. C'était ce qu'on lui avait dit. Mais je ne réagissais pas. Je n'entendais rien. Elle appela encore et encore. Elle cria mon nom. Aucune réaction. Elle se désolait que je n'entende toujours pas.

Les morceaux du puzzle qu'elle avait commencé à bâtir se détachaient. Un à un, disparaissaient. Elle était si déçue, si déprimée... Mon père également.

Alors, ils cherchèrent des écoles spécialisées

pour les enfants sourds, les enfants comme moi. Partout. Du nord au sud. Ils n'en pouvaient plus. Ils *étouffaient* de fatigue… Une si grande fatigue. Finalement, ils en trouvèrent une sur la Côte d'Azur, dans les collines niçoises. Elle s'appelait Les Chanterelles, ces champignons qui poussent aux pieds des arbres.

On rencontra la directrice. Ils parlèrent beaucoup de moi. Donnèrent de nombreux détails sur mon comportement.

Ma *maternelle* n'avait pas encore de travail et s'occupait de moi sans cesse. Elle assistait presque tout le temps aux cours des tout-petits.

Il y avait aussi un docteur, Philippe R., qui vérifiait les prothèses de tous les enfants, même des bébés. Il évalua mon audition et dit que mes appareils n'étaient pas adaptés car mon taux de surdité était de cent pour cent.

Il proposa une opération chirurgicale pour me poser un implant cochléaire à l'hôpital Lenval. Mes parents acceptèrent.

J'avais deux ans lorsqu'une dame m'apprit la prononciation des ch, z, s, ah, i …en utilisant de la peinture. On trempait un pinceau et on associait des formes aux sons : lent, rapide, virage pour le z, comme lorsqu'on parle avec la voix. Mes parents apprenaient cette technique mais n'essayèrent pas d'apprendre la langue des signes (LSF) qu'on nous enseignait en même temps. Ils voulaient que j'oralise.

Je babillais puisque je ne savais pas parler. Aucun mot ne sortait de mes lèvres, pas même papa ou maman.

Ma toute première IRM cérébrale (image par résonance magnétique) eut lieu lorsque j'avais deux ans et quatre mois. Beaucoup d'étapes précédaient l'opération.

À trois ans, nous rencontrâmes un autre docteur, le docteur G. qui allait nous accompagner dans ce délicat processus. Il expliqua les démarches et tout ce qu'impliquait la pose d'un implant. Il croyait beaucoup dans cette nouvelle technologie. Mes parents semblaient rassurés. Il fixa une date pour l'opération chirurgicale.

Moi, je ne pouvais ni accepter, ni refuser. J'étais vraiment trop jeune. Difficile de savoir ce que je percevais. Je ne comprenais pas ce qu'il se passait autour de moi.

Le jour de l'opération, je n'étais pas du tout angoissée, plutôt optimiste. Je n'avais rien à craindre.

Tout se déroula comme prévu. Après l'opération je fus physiquement très fatiguée. Je me sentais bizarre. Quelque chose de lourd appuyait sur le haut de mon visage : un énorme bandeau était enroulé autour de ma tête.

Quelques jours plus tard, je m'étais bien rétablie. On fixa le microphone de l'appareil externe (un contour d'oreille) appelé processeur vocal qui comportait un bouton on et off. Il captait les sons, les voix. Le processeur vocal les transformait en signaux numériques. À travers l'antenne, ces informations étaient envoyées à la partie interne qu'on venait de m'implanter chirurgicalement. Le récepteur-émetteur de la partie interne les convertissait en signaux électriques. Ces signaux étaient ensuite transmis à un faisceau d'électrodes destinées à stimuler mon nerf auditif. Mon cerveau analysait alors les signaux reçus. J'étais surprise, perdue, confuse. Je regardais de tous côtés.

Plusieurs personnes m'entouraient : Coralie, l'orthophoniste, Delphine, l'audiologiste qui allait m'apprendre à construire mes propres capacités et compétences (phrases, réflexions, jeux), mes parents, la pédiatre Nathalie que je voyais depuis que j'avais onze mois….

Pour préserver le boîtier du processeur

vocal ma tante m'avait confectionné de petits sacs en tissu qui s'ouvraient et se fermaient par un lien. Ils étaient bien pratiques et permettaient de se déplacer en toute tranquillité.

Une équipe pédagogique (docteurs, pédiatres, enseignants et orthophonistes) assistait mes parents qui avaient beaucoup de difficultés avec moi. C'était un très gros travail…

On fit pour la première fois un test auditif avec le docteur Coralie dans la salle anti bruit blindée mais il échoua. Installée derrière une vitre, elle émettait des sons après avoir fait de nombreux réglages. J'étais censée appuyer sur un bouton rouge quand je les percevais mais le problème était que je ne voyais pas d'où ils sortaient, étant diffusés par de gros haut-parleurs. Du coup, je ne savais pas quoi faire. Elle s'assit alors près de moi et renversa une « boîte à meuh » qui émit un meuglement de vache. Je n'entendais pas distinctement mais je comprenais qu'il y avait un bruit. Ce n'était pas facile pour moi, car je n'avais pas suffisamment de références sonores pour reconnaître les tonalités.

À quatre ans, j'étais une petite fille très têtue, fermée, capricieuse, qui ne prêtait jamais attention à ce que ses parents essayaient de lui faire comprendre. Une psychologue, Corinne, vint à la rescousse et essaya de m'ouvrir l'esprit. Elle me proposa une chose amusante : si je refusais de jouer ou de dessiner je devais rester les bras croisés. De jour en jour, je m'ouvris librement. J'étais contente de travailler avec elle. Ensemble nous avions d'amusants secrets.

Il me demanda pardon en langue des signes

À cinq ans, on m'inscrivit dans une deuxième école, une école ordinaire pour les entendants mais accessible aux enfants sourds. J'étais habillée en veste courte à carreaux verts et blancs. Je me sentais si seule dans la classe. Parfois, une interprète en langue des signes m'aidait. Mais aucun son ne sortait de ma bouche. J'étais sourde et muette à la fois.

Au même moment je tombai amoureuse d'un garçon sourd qui se prénommait Alexandre, un petit bonhomme un peu rond aux cheveux noirs. Il était si mignon et je l'aimais tellement que je l'embêtais tout le temps. Je collais sur son visage mes lèvres enduites de baume hydratant. Je le prenais pour ma poupée. J'adorais le taquiner.

Je jouais souvent seule. Je m'ennuyais avec les autres. Je préférais rester dans mon coin car il m'était difficile d'entrer en relation avec les entendants. Le gros problème c'était la communication. Je ne pouvais pas parler.

Je commençai à apprendre à communiquer vers cinq ans. Mais ce n'était qu'un début. Les autres enfants croyaient que j'étais timide ou que je n'avais pas envie d'être avec eux.

J'adorais Faël, un petit garçon de type africain aux cheveux crépus, un entendant, que j'avais rencontré à l'école. Je lui touchais tout le temps la tête. J'aimais toucher ce qui me semblait doux. Il essayait de m'échapper car il n'en pouvait plus. Je le collais sans cesse.

Un jour, pendant la pause, alors que j'étais en haut du toboggan et m'apprêtais à me laisser glisser, Alexandre me poussa sans le faire exprès. Je tombai sur le menton et me blessai. Je saignais mais je ne sentais rien. Mme Leroux, ma maîtresse, accourut, s'inquiéta, me demanda si ça allait et appela immédiatement un taxi pour m'emmener à l'hôpital de l'Archet. Je couvris avec un tissu stérile la plaie ouverte sur mon menton.

Alexandre était désolé et me demanda pardon en langue des signes car il était sourd comme moi. Très vite nous arrivâmes à l'hôpital. Une amie de ma maîtresse, Laurence, était avec moi et me rassurait. J'avais très peur qu'on me recouse le menton sans anesthésie. Je hurlais comme une pauvre bête qu'on égorge et me cachais derrière Laurence. Mes parents arrivèrent. Ils virent que j'étais blessée et qu'il me fallait des points de suture. Pour me calmer un docteur me mit un masque sur le visage. Je m'agitais, angoissée et horrifiée en voyant l'aiguille s'approcher de mon menton. Mon père me cacha les yeux. Je m'endormis. Une fois réveillée j'étais soulagée. Je n'avais plus peur.

En dépit des points de suture, je retournai à l'école et ne fus pas absente un seul jour.

À d'autres moments je m'amusais avec mon amie sourde Romane. Nous parlions librement en langue des signes. J'avais commencé à l'apprendre dès quatre ans. Je me sentais très bien aux Chanterelles car tous les enfants étaient sourds, comme moi. Dans ces deux écoles, qui n'avaient aucun lien l'une avec l'autre, j'avais des comportements et des attitudes très différents. Dans mon école de sourds j'étais une autre personne. J'étais moi-même.

Un souvenir m'est resté en mémoire. Alors que Didier le chauffeur de la camionnette me déposait comme tous les mercredis devant mon école spécialisée, je voyais des enfants pleurer. Ils refusaient de descendre de la voiture qui les avait déposés devant le portail. Ils ne voulaient pas quitter leurs parents. Je trouvais cela si étrange. J'avais le même âge qu'eux mais je ne ressentais pas d'émotion particulière. J'étais ainsi : une fille silencieuse.

Intégration des sourds avec les entendants

J'étais toujours en maternelle, en tablier bleu alors que Romane était entrée au CP. J'étais triste d'être séparée d'elle. Mais mon école était contiguë à la sienne, séparée seulement par un grand portail vert où je pouvais voir la cour de récréation. Parfois je faisais un signe à mon amie d'enfance à travers les grilles.

À sept ans j'entrai à mon tour au cours préparatoire de l'école Saint-Isidore de Nice. Comme la maternelle, c'était une école du milieu ordinaire mais accessible aux enfants sourds. Elle était équipée en personnel pouvant assurer l'interprétariat en langue des signes. Cette école, située à trente minutes de chez moi, proposait l'intégration des sourds avec les entendants. J'y étais tous les jours sauf le mercredi que je passais dans mon école spécialisée.

Ma vie quotidienne se déroulait de la façon suivante : je me réveillais vers six heures du matin, je faisais mon lit et je m'habillais seule. Ma mère me préparait mon petit déjeuner et je mangeais en regardant une émission de télé destinée aux enfants. Après avoir mangé je me brossais les dents. À sept heures vingt, je mettais mes chaussures et mon père m'accompagnait au coin de la rue, à côté de la boulangerie, où nous attendions le taxi scolaire qui m'emmenait à l'école Saint-Isidore.

Quand il arrivait, mon père me faisait des bisous pour me dire au revoir et je montais en voiture. Le trajet était long, plus d'une demi-heure. Vers 8h30 j'entrais en classe.

Nous étions environ 25 élèves dans une classe ordinaire, tous entendants à l'exception de deux sourds. Le maître parlait. Notre interprète nous traduisait simultanément en LSF. Je n'avais pas encore progressé en travail labial. Je ne pouvais donc pas prononcer correctement les sons. J'allais pourtant deux fois par semaine chez l'orthophoniste.

Les entendants se demandent souvent comment on peut enseigner des sons à des enfants qui n'entendent pas et qui ne connaissent pas encore très bien la langue des signes. Vers l'âge de deux ou trois ans, les petits sourds apprennent à vocaliser des sons comme V, Z, A, i, etc., en utilisant du matériel comme de la peinture dans laquelle on trempe ses mains. On reproduit en visuel les sons sur une feuille de papier. On peint leur volume sonore. Pour donner un exemple, le prénom Nathalie se sépare en trois syllabes : « Na-ta » – qui seront représentées par deux coups donnés sur la feuille formant des taches de peinture - et « lie », son plus long, qui aura la forme d'une lyre ou d'une arabesque faite avec les deux mains. Pour le son « Z », on trempe sa main dans la peinture et on touche la feuille en faisant de petits virages dans le sens de la hauteur.

En parallèle, on touche son visage — mais sans la peinture — pour repérer les vibrations des différents sons sur sa gorge, les lèvres…

Pour la langue des signes française (LSF), on apprend, l'alphabet vers quatre ans, des chiffres et enfin des mots simples avec des images (pomme, girafe, voiture, etc.) aussi des expressions faciales comme heureux, triste, en colère.

En CP, pendant la récréation, je jouais avec mes amis sourds. Il y en avait quelques-uns dans toutes les classes : du CP au CM2. On jouait à cache-cache, au voleur, à l'élastique, à la corde à sauter, au foot, à tresser des scoubidous. On jouait aussi aux billes au-dessus d'une grille d'évacuation qui comportait un trou. Quand la bille tombait dedans on avait gagné. On retirait alors la plaque pour la récupérer. Celui qui gagnait pouvait choisir un modèle de bille dans la collection du perdant (langue de chat, lune, grosse bille, bille pailletée...). Nous les filles, on faisait des collections de papiers parfumés Diddl (du bon vieux souvenir !) et on s'échangeait les feuilles entre camarades. Les garçons jouaient au foot et troquaient des collections de cartes de Yu-Gi-Oh ou Pokémon. Nous parlions tous ensemble et tous en langue des signes.

Pendant ce temps, les entendants jouaient de leur côté mais ne se mélangeaient pas entre classes comme nous le faisions entre sourds. Leur attitude vis-à-vis de nous pouvait être la moquerie (heureusement je ne comprenais pas ce qu'ils disaient), l'étonnement et parfois l'intérêt. C'était rare mais il arrivait qu'un entendant s'approche de notre groupe pour regarder discrètement. En CP je n'arrivais pas encore à oraliser et je ne pouvais malheureusement pas entrer en communication avec eux.

Notre interprète me raccompagnait vers 16h30 à mon taxi scolaire qui ramenait tous les élèves qui habitaient loin. Mon père me récupérait au coin de la boulangerie. Je faisais mes devoirs avec lui car il avait plus de temps libre que ma mère. Je dînais avec mes parents puis je me brossais les dents et j'allais me coucher vers 19h30.

Dans notre école, qui accueillaient des sourds, il n'y avait que deux interprètes pour les dix classes de primaire. Elles n'étaient avec nous que trois à quatre heures par jour. Le reste du temps on était complètement perdus. Ce que disait le maître se noyait dans un bruit diffus. Je n'entendais rien malgré mon implant et c'était pareil pour mon camarade qui avait pourtant 30% de capacités auditives. Parfois, le maître s'approchait (les sourds étaient assis devant et partageaient le même bureau – rarement plus de deux par classe) et essayait de nous expliquer en écrivant sur un papier mais c'était vraiment très difficile de le comprendre. En gros, sur sept heures de cours par jour on était 50% du temps « dans l'isolement complet » et non pas dans « l'intégration ». Mes parents n'en savaient rien. Je ne le leur disais pas. Je pensais que c'était normal de rester sans interprète si longtemps.

Quand j'y repense je ne comprends pas qu'il n'y ait pas eu de traducteur pour nous et qu'on nous ait laissés comme ça, abandonnés, dans le brouhaha général. Si une école s'engage à accueillir des sourds, ne doit-elle pas s'engager également à mettre à leur disposition 100% du temps un interprète ? Sinon, il est évident que l'élève perd des chances d'apprendre par rapport aux autres. Il accumule petit à petit un retard important et se sent très isolé au milieu des entendants. N'est-ce pas hypocrite de faire croire aux parents que l'école est accessible aux sourds mais de manquer de moyens humains pour garantir à 100% cette accessibilité ? Cela entraîne un échec scolaire évident chez les sourds et plus tard beaucoup de frustration. Actuellement, un rapport remis au Gouvernement prétend que malgré la loi de 2005, qui autorise la langue des signes, 80% des sourds sont illettrés. L'article de *Libération* du 13 septembre 2016 écrit : « La fameuse loi de 2005 sur le handicap a reconnu la langue des signes comme une langue à part entière et garantit aux parents le droit de scolariser leur enfant dans l'école de quartier et le choix du mode de communication utilisé en classe. "Mais, dans les faits, l'Éducation nationale ne l'a jamais appliquée, tacle Catherine Vella. Très rares sont les enfants sourds qui ont une scolarité convenable. Ils ont le droit d'entrer dans une école mais ils n'ont pas accès à l'instruction. On ne met pas le message scolaire à la portée linguistique des élèves sourds." »

Le jour de carnaval, je me divertissais joyeusement, déguisée en Cendrillon bleue. Les enfants se faufilaient partout. Ils étaient adorables.

En dehors des cours aux Chanterelles le mercredi, je prenais une autre séance d'orthophonie dans un cabinet privé de Beaulieu-sur-Mer. La séance durait une heure. Il y avait des jeux de réflexion, des constructions de phrase à l'oral et à l'écrit, la prononciation de sons… J'étais obligée d'apprendre à oraliser progressivement (cela signifie « parler », pour nous, les sourds) et à maîtriser les mots, les phrases, les jeux de réflexion.

À sept ans, le jour de mon anniversaire, je reçus des cadeaux, y compris une console Nintendo avec des jeux comme Mario Kart et Yoshi's Island DS (Dual Screen). Je devins vite accro à la DS. Je jouais sur ma console en la cachant sous la couverture, la nuit, après vingt heures. Un jour, mon père me vit et me la confisqua. Je dus lui obéir et aller dormir.

Mon amie thaïlandaise de Monaco, qui était la fille d'amis de mes parents, me montra un nouveau gadget qui me plut tout de suite. C'était une Tamagotchi provenant du Japon, un animal virtuel destiné à responsabiliser les enfants. Je m'en occupais souvent car je devais le nourrir, le nettoyer, le faire grandir. J'en eus ensuite une autre car j'avais laissé mourir la première. Mais je perdis la seconde dans les toilettes.

En CP, mon maître s'appelait Louis. Il était assez grand, costaud, sympa, gentil, bronzé et un peu âgé. Mon interprète en LSF s'appelait Agnès.

Une dame chez qui ma mère travaillait me donna des livres «J'aime Lire». Je lisais. J'aimais vraiment la lecture et je demandai à mon père de m'abonner à des livres qu'on ne pouvait acheter qu'à Paris. Il accepta. J'adorais également *Tom Tom et Nana* — c'était rigolo —, le fameux *Bus Magique* et même des dessins animés. En maternelle, j'avais des livres connus comme *Arc-en-Ciel, Elmer, John Chatterton, Roméo et Juliette, les Monsieur Madame,* etc. Je suis restée abonnée, grâce à mon école du milieu ordinaire, jusqu'à l'âge de douze ans.

Un jour, mon ami d'enfance qui se nommait Sacha, un sourd assis à côté de moi, se fit confisquer les deux minimotos avec lesquelles il jouait : une verte, la Kawasaki et une jaune. Notre maître Louis les posa sur son bureau. Agnès, notre interprète n'avait pas assisté à la scène car elle travaillait dans une autre classe. J'attendis la sonnerie de la récréation pour ramasser les deux jouets sur le bureau du maître. Personne ne me vit. Je rendis la moto verte à Sacha qui fut vraiment content de la retrouver mais je gardai la jaune. Je l'adorais. Je ne la lui restituai que trois ans plus tard après l'avoir gardée précieusement dans ma boîte à jouets.

À un moment du CP je décidai de ne plus écouter l'interprète. Pourquoi tout était toujours si difficile pour nous ? Pourquoi on ne pouvait pas être comme les autres élèves qui comprenaient tout de suite ce que disait le maître ? C'était si injuste ! Je restais les bras croisés, sans la regarder. Elle s'énerva et essaya de ramener mon attention en me saisissant par le bras. Elle voulut m'embarquer mais je restai accrochée à la chaise comme si j'étais collée par une colle forte. Elle fit plusieurs tentatives puis réussit à m'entraîner vers l'école maternelle. Elle voulait me donner une leçon. Elle demanda à la maîtresse de maternelle de me faire écrire une page de lettres L, comme si j'en étais incapable. Quand j'eus terminé, elle me ramena en classe et montra à tout le monde ma feuille de L. Tous les élèves se moquèrent de moi. J'étais très embarrassée et vexée. Je pleurai à chaudes larmes mais je ne décroisai pas les bras.

Un jour de pur bonheur c'était quand j'allais

en pique-nique avec mes parents à la montagne. Ma grand-mère (la mère de mon père) nous accompagnait. J'étais si heureuse ! J'apportais même mon magazine préféré *Mickey*.

À d'autres moments je ramassais des marrons avec ma mère ou je faisais du vélo avec mon père.

Un après-midi, je me rendis au village de Gorbio. Nous nous baladions lorsqu'un beau cheval brun s'approcha. Mon père demanda si je pouvais le monter. J'y fus autorisée mais une fois sur le dos de l'animal son odeur forte m'incommoda. Je voulus descendre tout de suite. Mon père eut juste le temps de prendre une photo sur laquelle je faisais une affreuse grimace. Je n'étais pas contente du tout.

De mois en mois, je commençais à me constituer mon argent de poche. J'avais quelques billets de cinq euros et un de dix donné par ma mamie. Mes parents y participaient aussi, quelquefois. Mais j'étais si généreuse que je donnais tout à Patrick, mon ami d'enfance auquel je tenais beaucoup. C'était fou et irrationnel.

Je revois aussi ce jour où, depuis la cour de récréation, j'aperçus mes parents à travers la porte vitrée de la salle des professeurs. Ils avaient rendez-vous avec un monsieur qui leur présentait un programme informatique destiné à renforcer les mécanismes de lecture. Quand ils me virent ils m'appelèrent pour que je les rejoigne. Je m'installai sur une chaise et le monsieur m'expliqua comment le programme fonctionnait. Je comprenais un peu. « Lire avec Furi » permettait d'enrichir le vocabulaire des enfants et d'augmenter leurs capacités. Il me présenta ensuite un autre CD ROM (les applications de l'époque) qui était une sorte de jeu de réflexion fait à partir de puzzles. C'était vraiment intéressant et cela me motivait de travailler sur l'ordinateur. J'avais vraiment de la chance de l'avoir. Une chance que d'autres jeunes enfants sourds, dans d'autres écoles n'avaient pas.

Malgré tout cela et malgré la technologie qui venait à mon secours j'avais l'impression qu'on me demandait de faire des choses impossibles. Globalement, tout m'était incompréhensible, parce je n'entendais pas. J'avais un sentiment d'injustice par rapport aux autres qui semblaient trouver facile ce que le maître leur demandait d'exécuter.

Je ne comprenais plus rien du tout

Mon maître de CE1 s'appelait Hervé. Mon ami d'enfance Patrick, malentendant comme moi, se retrouva encore une fois dans ma classe.

On nous initia à une nouvelle langue, l'anglais. Au début, c'était facile et je l'aimais, d'autant que c'était enseigné par une autre maîtresse, Julie, qui venait deux fois par semaine. Au fil des mois, je commençais à m'ennuyer, tout comme mon ami Patrick. Je ne comprenais plus rien du tout. Je n'écoutais pas le cours d'autant que nous n'avions jamais d'interprète pour cette matière. Elle ne venait que pour les matières générales et encore, comme je l'ai dit plus haut, que trois heures par jour.

Vers dix heures quinze, la sonnerie retentissait. Hervé attendait que les élèves soient calmes et croisent les bras sur la table puis il me désignait pour que je mène le rang vers la cour de récréation. J'étais sage et silencieuse et le maître était très gentil avec moi. Il savait aussi me mettre en valeur.

Comme ce jour où j'avais dessiné sur une feuille A4 un beau soleil portant des lunettes de soleil. Quelques camarades avaient admiré mon dessin et avaient ensuite essayé de me copier. J'étais très fière d'être ainsi remarquée.

En plus de l'orthophoniste je devais aussi aller voir l'orthodontiste. Décidément ! Le docteur Attia me parut d'emblée sympathique et accueillant. Ce fut mon père qui m'y accompagna. Après un bref examen, l'orthodontiste déclara que mes dents présentaient un problème d'alignement et qu'il fallait me poser des bagues.

Je fis un scanner dentaire qu'il analysa puis son assistante me donna un rendez-vous.

Installée sur le fauteuil dentaire j'avais très peur car c'était la première fois qu'on introduisait des outils sophistiqués dans ma bouche. L'orthodontiste approcha ses mains très propres et me fit une piqûre dans la gencive pour m'empêcher d'avoir mal mais j'avais l'impression que mon esprit quittait mon corps. Une heure plus tard, crachant du sang dans le mini lavabo je nettoyais mes dents avec un bain de bouche et regardais mon nouvel appareil dentaire dans le miroir. J'étais ravie de l'effet qu'il produisait !

Le lendemain matin mes camarades me félicitèrent. Toutes m'enviaient. C'était très tendance chez les ados mais aucune enfant, si jeune, n'en portait.

À l'époque, je n'avais pas de téléphone portable et j'écrivais des lettres à mon amie Romane. Je lui racontais ce que je vivais. Je trouvais ça génial. Je lui parlais aussi de ces fils colorés en plastique, les scoubidous, que des filles tissaient pendant la récréation. Ces ouvrages m'attiraient et j'avais très envie d'essayer. Mon père fut d'accord pour m'acheter le matériel.

J'étais ravie et commençai un scoubidou à quatre fils pour apprendre à tisser. J'allai ensuite jusqu'à douze fils. Je progressai rapidement grâce à un petit livre. Je fis un bonhomme puis un hélicoptère. Mes camarades étaient impressionnés par mes créations.

En allant manger chez ma grand-tante, la femme du tonton de mon père, je lui présentai mes scoubidous. Elle me dit : « C'est joli et bien fait » et me montra deux scoubidous en forme de girafe qu'elle avait elle-même réalisés. Je lui demandai de me les donner mais elle refusa, me disant que ces objets étaient précieux pour elle et qu'elle les avait depuis plusieurs années.

Un autre jour, alors que nous étions encore

invités chez elle et après avoir fait plusieurs tentatives pour obtenir les fameuses girafes qu'elle ne voulait toujours pas me donner je les lui volai. Je les mis dans mon sac et je me souviens que leurs petits yeux noirs me regardaient.

Quelques jours plus tard, elle appela ma mère pour lui demander si elle n'avait pas vu ces deux trucs. Très honnêtement j'avouai que je les avais volés parce que je les aimais énormément. Ma tata n'était pas du tout contente de constater quelle fille j'étais devenue.

J'avais également dérobé de l'argent à ma mamie et à mon père. Ils avaient beaucoup de pièces de un ou deux euros et des pièces jaunes dans une petite boîte. J'en prenais à chaque visite.

Seuls, les sourds redoublaient

Je redoublai le CE1 car je bâclais mes devoirs et manquais « de compétences et de maîtrise », alors que, la plupart du temps, je ne comprenais pas les consignes données par le maître. Je ne les entendais pas et la traduction en LSF, quand il y en avait, ne faisait pas tout.

Ma nouvelle institutrice s'appelait Jacqueline. Je me retrouvai avec Romane qui avait elle aussi redoublé. C'était ma camarade préférée. J'étais contente.

Mes parents m'inscrivirent à des cours de danse jazz car je ne bougeais pas à la maison et ils voulaient que je m'active. Ce n'était pas loin de chez moi. À cinq minutes à pied.

Véronique, ma prof, était gentille et dynamique. J'étais très timide avec les autres filles mais Véronique m'apprit vraiment très bien les bases de la danse et je me fis quelques nouvelles copines parmi mes camarades, toutes entendantes.

Je n'aimais pas que ma mère m'accompagne.

J'avais l'impression d'être un bébé. Je voulais qu'elle me laisse y aller seule comme les autres filles de mon âge. Je les enviais d'être aussi indépendantes. Un jour, je demandai à ma mère la permission de rentrer seule. Elle me dit oui. Enfin, c'est ce que je crus comprendre. Ma mère n'avait pas appris la langue des signes (pas plus que mon père). Elle me parlait en français qui était pour elle une langue étrangère. Entre eux mes parents parlaient soit le thaï, soit le laotien. Je ne comprenais aucune de ces deux langues. Et quand j'allais chez mon grand-père paternel, ils ajoutaient le chinois ! Je vivais dans un univers de langues asiatiques mais seul le français commençait à m'être un tout petit peu audible grâce à mes séances chez l'orthophoniste.

Ce jour-là, comme je ne la vis pas après le cours de danse je pensai que c'était bon, que je pouvais y aller. Je connaissais le code de mon immeuble et toquai à la porte. C'était le milieu de l'après-midi mais personne ne m'ouvrit. Je sonnai chez le voisin et lui demandai de regarder par le balcon pour voir s'il y avait quelqu'un. Comme il n'y avait personne, j'attendis ma mère en bas. Elle arriva enfin, très inquiète. Elle m'avait cherchée partout. Nous ne nous étions pas comprises.

À la danse, il y avait souvent un autre cours

auquel participaient des adolescentes. C'était du hip hop. Je découvrais ce style afro-américain, rythmique et vibrant. J'enviais tellement ces filles !

En juin, je participai avec les autres au spectacle de fin d'année. Pour moi ce fut la cata, car il m'était beaucoup plus difficile que pour les autres de suivre le rythme de la musique et l'enchaînement des mouvements. En coulisse, ma mère s'occupait de maquiller et de coiffer les petites danseuses.

Je me sentais de moins en moins enthousiaste pour la danse jazz et demandai à mes parents de faire du hip-hop. Ils refusèrent sous prétexte que c'était dangereux pour mon implant, presque comme le judo. J'étais très déçue.

Je décidai alors d'assister à des cours de dessin à Monaco, chez une artiste qu'une des amies de ma mère lui avait recommandée. Ce fut une passion immédiate. Je me plongeai dans l'univers créatif et j'appris beaucoup. Chaque mercredi en fin d'après-midi c'était un vrai plaisir de reproduire la réalité par le dessin.

J'aimais aussi beaucoup la photo. Un jour, mon père me prêta son appareil. On alla se promener sur la plage de Monaco mais au moment de regagner la voiture je me rendis compte que je n'avais plus l'appareil. On le chercha partout mais sans succès. Mon père était très fâché contre moi et déçu que je sois aussi tête en l'air.

Quelques jours plus tard, il racheta un appareil tout neuf Lumix, bleu turquoise. Je voulus le tester. Il me dit : « Fais bien attention, s'il te plaît ne le perds pas car c'est assez cher ! » Je lui dis : « Ok, d'accord. Maintenant je fais attention ».

Je rêvais aussi d'avoir des animaux avec *cent pour cent de mignonnerie*. Je dis à mon père que je souhaitais adopter une lapine. Il acquiesça. J'étais très contente.

On prit la voiture pour se rendre dans une animalerie à Saint-Isidore. Je regardai tous les animaux et vis une adorable lapine au pelage gris-blanc. Mon père me l'acheta. Il ajouta une cage avec une litière, de la nourriture pour lapin et des poissons rouges. Quand on installa la lapine dans le salon, ma mère ne fut pas contente du tout mais qu'y faire ? Mon père avait acheté ces cadeaux avec tant de générosité !

Je chouchoutais ma lapine que j'avais appelée Justine, en hommage à Justin Bieber dont j'étais très fan à cette époque, avant qu'il ne devienne un *badass boy* (mauvais garçon).

Après deux ou trois mois, mon père m'offrit un hamster parce que j'en voulais un. C'était une femelle que j'appelai Lilas. Je l'aimais énormément même si elle était très têtue et faisait peur à ma lapine, si discrète et si timide qui partait se réfugier dans sa petite cabane. Lilas, elle, aimait grimper partout et me mordait tout le temps.

Parfois, je m'énervais contre ma lapine quand elle urinait dans tous les coins de l'appartement. Mais c'était normal car elle était jeune et j'essayais de la faire obéir. Mon père la tapait gentiment et la remettait dans sa cage. Pour cette raison, elle le craignait.

Ma mère supportait de moins en moins mes animaux. D'une part l'odeur la dérangeait, ensuite nous n'avions pas assez d'espace.

Je fus donc obligée de donner ma lapine. Celui qui l'accueillit était un ami de ma mère. J'étais triste et je lui demandai de prendre bien soin de Justine… Je me sentais si seule sans elle.

Quelques jours plus tard, en rentrant de l'école, je constatai qu'il n'y avait plus de hamster dans la cage. Je m'effondrai. J'étais à la fois énervée et choquée, choquée que mon père me l'ait enlevée pour la simple raison que ma mère n'en pouvait plus. Il me dit que Lilas connaissait enfin la liberté dans les montagnes. Je pleurai, trouvant que c'était très injuste…

C'était l'époque où je faisais des bêtises mais toujours de manière involontaire. Pendant la classe, alors que j'essayais de changer une cartouche de stylo plume, un camarade que je n'aimais pas du tout me fit de méchantes grimaces. Sans le faire exprès, en introduisant ma cartouche dans le stylo, elle explosa et le tacha. La maîtresse me donna une punition qui consistait à écrire une centaine de fois : « Je ne dois pas jeter de l'encre sur mon camarade. » Quel cauchemar ! Je ne l'avais pas fait exprès mais je ne pouvais pas m'expliquer ni m'exprimer comme les autres, les entendants.

Je n'entendais pas les consignes

À dix ans, en CE2, mon maître s'appelait Éric. Il était assez sévère, sérieux et parfois il me faisait peur. Je m'étais retrouvée avec mon ami Patrick et un petit frère de Romane, Marius qui lui était entendant mais comprenait bien la langue des signes.

À ce moment-là j'avais les cheveux courts, coupés par ma mère. Je tombai amoureuse d'un garçon italien aux cheveux noirs, aux yeux verts qui s'appelait Lorenzo. Je l'embêtais toujours. Il était gentil mais pas *in love* de moi.

Pendant le sport, on allait au stade de foot. On jouait au rugby. Je frappais très fort le ballon ovale. J'étais douée car j'avais souvent joué au foot, petite, avec les garçons.

On allait aussi à la patinoire de Nice avec ma classe mais seulement les deux mois d'hiver. J'adorais patiner. C'était *fun*.

On eut également une activité « cinéma ». Une expérience exceptionnelle avec le réalisateur monsieur Richard. Il nous fit faire de petits courts métrages. Il nous donnait des rôles d'acteurs ou d'actrices dans le film « Le Roi Arthur ». J'étais vraiment mal à l'aise mais souriante devant la caméra. On nous filmait à l'intérieur de l'école et à l'extérieur, dans la cour. Je présentais mon personnage en disant : « Je m'appelle Guenièvre ». Les autres se présentaient à leur tour et faisaient ensuite de vrais dialogues. Arthur tua un ennemi et on mit du ketchup sur sa chemise pour imiter le sang. Je trouvai ça drôle.

En cours, on apprenait aussi à lire l'heure. J'y arrivais mais deux de mes amis sourds n'y parvenaient pas. Ils n'aimaient pas cet exercice. Moi, je savais compter car j'adorais jouer à la marchande, chez moi, avec mon amie thaïlandaise.

Je m'amusais encore avec des peluches, des jeux vidéo comme le fameux Jeux.fr ou Jeux.com sur l'ordinateur de mon père. Au fond, je m'ennuyais.

Lors d'une sortie avec la classe, on alla visiter la caserne des pompiers : l'intérieur et l'extérieur. Un jeune pompier activa le tuyau et le régla pour nous montrer la vitesse et la puissance du jet. Il demanda à chaque enfant de le prendre pour se rendre compte de la force de l'eau. Quand vint mon tour je le maniai maladroitement (sans doute n'avais-je pas compris les consignes) et l'eau aspergea un élève qui était en train de filmer avec la caméra de monsieur Richard. Je me sentis mal. Je ne l'avais pas fait exprès et j'étais vraiment désolée d'avoir trempé mon camarade et abîmé le camescope qui ne marchait plus. Gentiment le réalisateur me dit : « Ce n'est pas grave. ». À part ça tout s'était bien passé et les pompiers avaient été très accueillants.

En été, il faisait tellement chaud qu'un après-midi j'enlevai mon haut et me retrouvai en brassière. C'était une brassière pour enfant mais mon instituteur me demanda de me rhabiller, ajoutant que ce n'était pas bien de se montrer ainsi devant ses camarades. J'étais sans gêne mais toujours souriante.

Quant à mes origines, j'avais du mal à les comprendre. Je disais à mon père : « Je suis française comme les autres ». Mais il se mettait en colère et me contredisait : « Non, tu es asiatique. Regarde le miroir. Tu as des yeux asiatiques et des cheveux noirs ! » C'était confus dans mon esprit, comme dans celui de tous les jeunes enfants d'origine étrangère qui vivent en France…

Marion et Pauline, de méchantes filles m'embêtaient tout le temps à la récréation. Un jour, l'une d'elle me demanda de quelle origine j'étais. Je lui répondis : « Je suis laotienne », alors que ce n'était pas tout à fait exact comme on le verra plus loin. Racistes, elles me firent des grimaces en tirant sur leurs yeux. C'était vexant mais je ne me sentais pas victime. Je gardai le silence et détournai le regard.

À la kermesse, j'étais habillée comme elles en tenue traditionnelle niçoise. Sur le petit tablier noir que je portais sur ma jupe en tissu rayée rouge et blanc était brodé un motif de mimosa. Je me sentais complètement française malgré mes yeux bridés, surtout quand je me régalais avec la socca et la pissaladière, ces deux spécialités typiquement niçoises. Mais moi aussi j'avais des réticences. Par exemple, je refusai pendant cette danse folklorique de donner la main à un garçon pâle et maladif. Bizarre.

Nouvelle opération nouvel implant

À onze ans, en CM1 j'étais encore avec Pat dans la classe de Brigitte, une maîtresse vraiment gentille, douce et sensible. Je ne l'oublierai jamais et elle me manque beaucoup. Je ne l'ai pas vue depuis dix ans et je ne sais pas ce qu'elle est devenue.

Un jeune garçon pré-adolescent qui se nommait Luca l'avait un jour insultée. Il lui avait dit : « Fais chier ! » car elle l'avait puni. J'étais choquée et notre institutrice avait pleuré. Pour la réconforter tous les enfants lui avaient chanté une chanson.

J'avais revu sur la plage de Monaco mon ami Nicolas avec qui j'étais aux Chanterelles. J'étais amoureuse de lui mais je n'osais lui parler de mes sentiments car j'étais trop timide. Il m'avait offert des cadeaux : un stylo Diddl et de beaux papiers à lettres parfumés de la même marque. Je ne l'avais pas vu depuis la maternelle. Mes parents l'invitèrent à manger. Ma mère fit de la cuisine asiatique : des nems, du riz cantonnais, beaucoup de petits plats. Nous mangeâmes délicieusement bien !

À la même période, je dus me faire réopérer de l'oreille. Le processeur à l'intérieur de mon implant cochléaire ne fonctionnait plus et mon hospitalisation dura une semaine entière. J'avais tellement peur avant l'opération que mes parents m'offrirent une console Wii avec les jeux Mario Kart et Wii Sports Resort que j'avais choisis. J'étais contente d'avoir des cadeaux qui me faisaient envie depuis longtemps. Du coup, j'avais moins peur de l'opération et j'essayai d'être courageuse.

Après l'intervention chirurgicale je restai une semaine sans entendre, ce qui était normal en raison de la cicatrisation. Ensuite j'eus du mal à oraliser car j'entendais différemment. J'avais l'impression que cet implant était bien moins performant que le précédent. Mais je ne dis rien. Personne ne le sut.

Je n'écoutais plus la maîtresse

Douze ans, CM2 avec Laurence. C'était une maîtresse aux cheveux roux et au beau visage, un peu pâle, couvert de tâches de rousseur.

L'adolescence commença pour moi…

Je bavardais énormément avec Pat, en plein cours. Nos mains bougeaient dans tous les sens. Nous n'avions pas d'interprète ou très peu souvent car l'école les réservait aux petites classes. Du coup, notre niveau scolaire chutait fortement.

Avec Pat, on s'ennuyait car on ne comprenait rien. Pourtant, une camarade, assise à côté de moi, m'aidait à recopier les leçons. Mais je lui manquais de respect car je mangeais des barres de céréales en me cachant. Des camarades me virent et s'écrièrent : « Oh, mon Dieu, mais qu'est-ce qu'elle fait Christelle… »

Lorsque la maîtresse s'en aperçut elle me les confisqua et me donna une punition qui consistait à écrire cent fois : « Je ne dois pas manger en classe ». Mais ce n'était pas tout ! On disait que je parlais mal, avec brusquerie, sans politesse. Aussi, j'étais privée de récré. Je restais assise à l'intérieur en attendant la sonnerie, à côté de la salle du directeur Hervé Saccheri. Il était si gentil et avait été mon ancien maître. Il venait me voir et me demandait : « Pourquoi es-tu punie ? ». Je lui disais : « Je ne sais pas ».

Pat était un génie. Il me montra comment écrire deux fois plus vite les phrases de punition. Il prenait deux stylos qu'il scotchait sur ses doigts et écrivait deux lignes en même temps. C'était amusant ! Il était très bon en farces depuis tout petit. C'était le clown de la classe.

J'étais avec Charlotte, mon interprète. Alors que je lui montrais le clapet de mon téléphone portable que je trouvais vraiment *cool* elle me gronda car je n'avais pas le droit de l'utiliser au sein de l'établissement. C'était strictement interdit à l'école ! Je lui dis : « Je m'en fiche », en haussant les épaules. Elle était en colère et me demanda de ranger mon téléphone, de le ranger immédiatement ou elle allait écrire un mot à mes parents dans mon carnet de correspondance !

Un autre jour, je touchai ses cheveux. J'aimais ça. Ils étaient doux et lisses. Elle me dit d'arrêter. Elle me le demanda plusieurs fois mais je continuai. Elle s'énerva comme une furie. Alors je fis la tête. Je devins même assez agressive et elle écrivit un mot à mes parents : « Christelle est insolente, elle manque de respect, etc. » Quand mes parents lurent les commentaires sur mon carnet de correspondance ils furent choqués. Je devenais vraiment une *bad girl*.

Comme cette fois où Shania, une fille de la classe fit exprès de nous montrer son boxer Freegun vraiment trop stylé. Elle portait son pantalon très bas pour qu'on le voie. Immédiatement je voulus le même… Et j'insistai pour accompagner mon père chez Carrefour. Je les repérai et j'en pris quatre ou cinq que je voulais qu'il m'achète. Mais il les trouva beaucoup trop chers. Alors je m'énervai, boudai, fis ma tête de pauvre petite fille malheureuse et il eut pitié. Finalement il céda. J'étais aux anges. Je réussissais à le convaincre pour à peu près tout.

Avec mon oncle, toujours chez Carrefour, je vis des mini voitures en Lego. J'étais très fan de cette marque et je dérobai une boîte que je dissimulai sous ma veste. Au moment de sortir du magasin il se rendit compte que je cachais quelque chose. Il me demanda : « Qu'est-ce que c'est ? » Je lui dis : « Chut ! C'est juste un jouet ». Il me dit : « Il ne faut pas voler Christelle. Ce n'est pas bien du tout… » J'étais énervée… Je dus remettre ce que j'avais pris dans le rayon jouets. C'était la honte. En rentrant chez moi, il expliqua mon comportement à ma mère. Elle n'était pas du tout contente de moi… Je fronçai alors mes sourcils ce qui me donnait un air diabolique.

Le jour de la photo de classe, *je déchirais*. Je m'étais habillée en noir comme une *badass girl* avec un look rock, les cheveux raides, le sourire dévoilant mon nouvel appareil dentaire (il avait fallu m'en remettre un car je ne respectais pas les consignes et mangeais des bonbons qui détérioraient l'alignement de mes dents).

Je continuais dans la même lancée. J'avais un pantalon qui tombait sur mes pieds, style prisonnier américain. Je ne respectais rien du tout. Je balançais les chaises, je n'écoutais pas la maîtresse quand elle parlait ou plus exactement je ne faisais plus semblant d'écouter car de toute façon cela faisait des années qu'il fallait écouter et que je n'entendais rien. Je n'étais pas à l'heure à la fin de la récréation quand elle tapait des mains pour que les enfants se mettent en rangs, je crachais sur le sol à l'extérieur. Le système avait fait de moi une fille rebelle…

Il faut dire que pendant tout le primaire j'avais

accumulé tellement de frustrations par rapport aux autres. Je n'entendais pas. À leurs yeux je n'existais pas. Je n'étais qu'une pauvre fille sourde sans avenir. Et ceux qui me remarquaient se moquaient.

Quand je repense à mon attitude, je me demande s'il est bon d'intégrer des enfants sourds parmi les enfants entendants. On a moins de chances d'instruction que les autres quand on ne peut suivre que 20% à peine de ce qui est dit, c'est évident ! En CM2 le programme devenait de plus en plus difficile et la traduction en langue des signes se faisait plus rare. On se sentait abandonnés par le système. Pourquoi cette intégration à tout prix ? Sous prétexte « d'inclusion » les sourds doivent-ils supporter d'être moqués, mis à l'écart et avoir moins de chances que les autres ? En ne leur fournissant pas d'interpréte 80 % du temps en CM2, c'est leur interdire de progresser et de réussir. On m'abandonnait à mon sort, je n'avais plus de motivation. Plus rien ne comptait pour moi à l'école.

L'inclusion des sourds en milieu ordinaire équivaut, je crois, à une certaine forme de cruauté, une cruauté (invisible pour les entendants), déguisée en « égalité des chances ». La vérité c'est que dans ce contexte d'inclusion en milieu ordinaire il n'y a pour les sourds aucune égalité des chances, au contraire : une diminution de leurs chances d'être instruits comme les autres.

Les classes de neige apportait heureusement une atmosphère plus équilibrée entre les entendants et les sourds. On partit deux semaines à la Colmiane, sur les hauteurs de Nice. J'étais vraiment excitée et m'amusai dans le bus avec mon ami malentendant Pat. Après plus d'une heure de trajet on arriva à destination. On déposa les valises dans la chambre des filles — nous étions huit à peu près — et on fit le tour du beau chalet à l'intérieur et à l'extérieur. Là, on rencontra d'autres classes. Je me fis deux nouvelles amies, gentilles et sympas. L'une française et l'autre originaire des Philippines. Deux entendantes.

Pour la douche, je croyais que nous aurions une cabine individuelle mais nous étions obligées de nous laver toutes ensemble. C'était extrêmement gênant et inconfortable. J'étais embarrassée… On me prenait pour une enfant en bas âge, alors que j'étais plus âgée que les autres.

Nous skiions les matins et parfois les après-midis. C'était la première fois que je pratiquais ce sport et j'éprouvais des sensations vraiment agréables. Je ne tombais presque jamais sur la piste verte qui était facile mais la bleue était un peu plus ardue.

On mangeait bien, presque tous les soirs, on faisait des jeux. C'était sympa.

Lors d'une sortie nous étions allés à la boutique de souvenirs. J'y avais acheté un porte clé Petit Renard orange tout mignon et une lampe de poche pour moins de quinze euros. Pat avait volé une torche. Je lui avais fait remarquer que ce n'était pas bien mais il m'avait dit : « Chut ne le dis à personne ». J'avais hoché la tête. Après l'achat des souvenirs nous étions allés au restaurant pour manger des crêpes. C'était délicieux !

Les soirs, on faisait un peu de travail scolaire, en pyjama. Ça faisait drôle.

À l'occasion d'une visite au parc animalier Alpha Mercantour je retrouvai mes parents. J'étais heureuse. D'autres parents avaient également fait le trajet pour cette sortie exceptionnelle. On vit de beaux loups qui vivaient en meute dans un grand espace sauvage. Nous visitâmes le musée et je sculptai un loup avec de la neige, comme un bonhomme de neige. C'était *fun.*

À la fin de l'activité, nous rentrâmes au chalet mais sans les parents… ça, c'était moins joyeux.

Ce fut difficile aussi pour notre maîtresse qui se blessa à la jambe en skiant et qu'il fallut remplacer. L'ancienne instructrice de Pat prit sa place pour nous accompagner pendant nos séances de ski. Tout se passa bien et on nous remit des récompenses le dernier jour. Chacun fut appelé par son nom. Moi, j'eus seulement un flocon de neige car je ne réussissais pas bien les virages. J'étais déçue. D'autres reçurent leur première étoile.

Après le dîner il y eut la soirée boum dans la grande salle avec des bonbons, des boissons gazeuses, une musique vibrante… Mais comme je n'étais pas au courant (sans doute n'avais-je pas compris les consignes) je ne m'étais pas habillée pour la soirée. J'étais vraiment dégoûtée mais je finis quand même par y participer et plongeai dans la danse.

À 23 heures les maîtresses nous appelèrent pour aller au lit. Mais nous ne voulions pas nous coucher si tôt et nous les suppliâmes de nous accorder encore un peu de temps. Nos encadrants acceptèrent. Nous étions tellement heureux d'avoir une heure de plus!

Le bus du retour fit une halte à Saint-Isidore où mes parents m'attendaient. Je n'oublierai jamais ce jour mémorable.

Malgré les mauvaises notes que je collectionnais et mes tricheries (il m'arrivait de copier sur ma voisine et même pendant l'important contrôle de conjugaison) j'obtins quand même une inscription au tableau d'honneur. Les parents étaient là. J'étais fière. Je portais ce jour-là mon tee-shirt rose Baby Milo (une marque tendance pour les préados), un collier noir cadenas, un pantacourt blanc, des baskets roses et une casquette.

Thaïlande, Chine, Laos... mes origines

Mon grand père paternel se nommait Khampoo. Il était né en Chine à Canton. Ma grand-mère paternelle, Khampert, était laotienne et thaïlandaise, originaire de Vientiane.

Elle avait eu une vie très difficile et n'était jamais allée à l'école. Toute petite elle avait dû vendre des légumes dans la rue pour faire vivre sa nombreuse famille qui comptait quinze enfants. Ses sœurs avaient eu une enfance moins difficile que la sienne mais d'autres membres de sa famille étaient décédés de maladies ou d'autre chose.

Le père de ma grand-mère, métissé thaïlandais et laotien, avait deux femmes. L'une était la mère de ma grand-mère et l'autre, une Laotienne. C'était visiblement la coutume au Laos à l'époque

Khampoo vivait difficilement lui aussi. Quand il devint adulte, il rencontra Khampert. Ils se marièrent et eurent une première fille : Khram. Ils eurent ensuite trois fils : Somnuck (mon père), Somsack (Alex) et Somkhit (Marc).

Mon grand-père changea son nom de famille Leung Leunn-k en Luongkhan (que l'on prononce Lu-o-Kanh) pour des raisons de commodité. Ils vécurent confortablement grâce à leur commerce de change de monnaie laotienne (le Kip) en monnaie thaïlandaise (le Baht).

Puis la guerre arriva au début des années soixante. Ce fut un moment de terreur. Les combats ravagèrent la ville de Vientiane. Une balle toucha Khampert au niveau des hanches et la blessa. Ses jeunes enfants, cachés au fond de la pièce, avaient terriblement peur. Pour échapper à la guerre, mes grands-parents firent leurs bagages et embarquèrent à bord du ferry qui partait pour la France. Ils avaient décidé de s'y installer alors qu'ils ne parlaient pas un mot de français. Ce fut très dur pour eux. Mon père qui avait douze ans et sa sœur aînée furent très vite scolarisés dans le collège Bellevue de la commune de Beausoleil, sur la Côte d'Azur. On trouva un appartement pour loger la famille. Les quatre enfants dormaient dans la même chambre, dans deux lits superposés. Mes grands-parents eurent aussi un travail à Monaco. Khampoo était plongeur dans un restaurant et Khampert devint femme de chambre. Ils gagnaient bien leur vie.

Le jeune frère de Khampoo, Michel (mon

grand-oncle), né à Taiwan, avait rencontré Fu-Feng, une très belle femme alors qu'il étudiait à l'université. Ils s'étaient mariés et étaient venus s'installer en France dix ans auparavant. Lui était serveur dans la restauration monégasque et elle travaillait pour la Croix-Rouge. Ils n'avaient pas d'enfants. Ils sont actuellement retraités et habitent pas très loin de chez moi.

Mon père qui se nomme Somnuck a comme prénom français Philippe. Son petit nom est Tiyai. Comme il est arrivé en France à l'âge de douze ans et non pas en maternelle, il a eu des difficultés à l'école, surtout en français et en mathématiques. Après avoir raté son bac, il fit un CAP de mécanicien-réparateur, une filière choisie au hasard. Ce n'était pas le métier de ses rêves.

À dix-huit ans il partit au service militaire et servit dans plusieurs garnisons du sud de la France, dont Avignon.

À vingt ans il travaillait dans la réparation des machines à sous du casino de Monaco et gagnait bien sa vie ! À trente ans il partit voir sa tante en Thaïlande, à Nakhon Ratchasima. Là, il rencontra une jolie femme qui se nommait Bang-On et dont le surnom était Onn, ma mère. Elle avait vingt-sept ans et travaillait comme employée dans le salon de coiffure de sa tante. Elle était issue d'une famille paysanne de huit enfants : deux garçons et six filles.

Elle coupa les cheveux de son client Philippe et il en fut satisfait. Il revint quelques mois plus tard pour la revoir, même si elle se faisait courtiser par un charmant Américain qui lui avait remis son numéro de téléphone après s'être fait, lui aussi, couper les cheveux. Elle repoussa les avances de l'Américain et commença à voir mon père en-dehors du salon. Leurs sorties étaient amicales et elle lui apprit à parler le thaï. Il progressa très vite car c'est proche du laotien.

Un jour, ils rendirent visite aux parents de Onn. Des discussions familiales eurent lieu. La famille de ma mère n'appréciait pas mon père à cause de sa façon de parler. Mais il était ainsi. C'était son caractère et ma mère l'aimait.

Ils développèrent une relation épistolaire. Mon père écrivait à ma mère des lettres adorables. Il les postait de France pour la Thaïlande.

Pendant tout le temps où ils furent séparés, ma mère apprit le français

Un an plus tard, Phillipe remplit de nombreux papiers pour le passeport de ma mère et pour lui obtenir un visa. Elle fit de même depuis la Thaïlande. C'était très compliqué et elle était malheureuse de voir qu'elle n'arriverait jamais à réunir tout ce qu'on lui demandait. Cela prit un an pour que ses documents soient officialisés. Enfin son passeport fut en règle et mon père vint la chercher. Elle avait trente ans. Onn prépara son bagage. Elle était triste de partir, de laisser sa famille. C'était mon père qui conduisait pendant les trois cents kilomètres qui les séparaient de Bangkok. De là, ils prirent l'avion et arrivèrent en France le lendemain. Ils s'installèrent chez mon père et ma mère se sentit très seule et déprimée. Elle n'avait rien à elle, aucun objet, pas d'argent. Elle avait l'impression de repartir de zéro

Mon père s'occupa d'elle et lui donna une partie de son salaire. Il lui paya aussi des cours de français pour qu'elle ait le niveau intermédiaire.

Deux ans plus tard, elle donna naissance à une petite fille, Christelle…

Ils vécurent des moments forts, comme dans le grand huit quand ça monte, ça descend, ça remonte… Ce n'était pas toujours facile.

J'avais un an lorsqu'ils m'emmenèrent en Thaïlande pour la première fois. Les parents de ma mère et sa famille étaient très heureux de me voir mais se firent beaucoup de souci pour mon avenir quand ils apprirent que j'étais sourde. C'était dur, pour eux quand je rentrais en France. Ils étaient tristes, sanglotaient. Mais je revenais chaque année pour les vacances d'été.

Comme je l'ai dit plus haut, on parle quatre langues dans ma famille : le thaï, le laotien, le chinois et le français. J'échange en anglais avec ma cousine thaïlandaise, sur le bloc-notes de mon portable, car je n'écris ni n'entends aucune de ces langues asiatiques.

Personne ne prenait notre défense !

À l'école primaire, les entendants se moquaient des sourds qui bavardaient en langue des signes. Ils nous faisaient des grimaces, comme lorsqu'on imite un enfant mentalement retardé ou un singe. Ils ne connaissaient rien à la LSF. Parfois ils parlaient de nous derrière notre dos. Ils disaient : « Oh, regarde ! Les sourds ne sont pas capables de parler, ils sont muets. Ils ne sont pas intelligents. Ils sont stupides ! »

Je ressentais au fond de moi de la colère. Ce que je trouvais bizarre c'est que dans cette école qui était accessible aux sourds on n'apprenait pas aux entendants à nous respecter, on ne leur apprenait pas un seul rudiment de la langue des signes alors qu'ils nous fréquentaient chaque jour. Les maîtres et les maîtresses voyaient bien que les entendants se moquaient de nous mais ils n'intervenaient pas, ou, s'ils le faisaient, on ne s'en rendait pas compte. N'était-ce pas leur rôle d'expliquer aux élèves que nous avions autant de valeur que les entendants ?

N'était-ce pas leur rôle de faire cesser ces moqueries continuelles ?

En CM1, ma classe était mélangée avec les CE2. On révisait la conjugaison et quand la maîtresse choisissait un verbe il fallait l'écrire sur son ardoise et la lever pour montrer sa réponse. Derrière moi, une camarade, Shania, se moqua de moi et me montra son ardoise sur laquelle elle avait écrit : « Tu pues, tu pètes comme une petite Chinoise ». Elle était minable et raciste vis-à-vis des Asiatiques. Je pris le parti de l'ignorer.

Quand j'étais en CM2, deux petits de CP nous suivaient partout quand nous bavardions entre sourds à la récré. Ils étaient insupportables et m'embêtaient tellement que j'aurais bien aimé leur donner un coup de balai. Leurs moqueries étaient incessantes. Elles durèrent plusieurs mois puis cessèrent d'un coup. Un maître était peut-être intervenu. En tout cas j'étais soulagée de me retrouver en paix.

Mon ami Patrick avait de gros problèmes avec les entendants. Pendant tout le primaire mais aussi au collège. À l'école élémentaire il avait demandé aux garçons s'il pouvait jouer au foot avec eux mais le capitaine de l'équipe, Julien, avait refusé qu'il participe, sous prétexte qu'il faisait le clown en classe. Il le prenait pour un imbécile parce qu'il avait du mal à parler. En fait, ce Julien ne supportait pas les sourds. Même moi, il ne me m'appréciait pas. Patrick se battait avec lui mais l'autre avait plus de pouvoir. Il n'était pas sourd et personne ne prenait la défense de mon camarade.

Ma relation actuelle avec les entendants se passe bien. Je n'ai pas de souci avec eux mais je ne suis pas aussi à l'aise qu'avec mes amis sourds. J'ai du mal par exemple à aborder une conversation, à trouver un sujet qui puisse intéresser les sourds et les entendants. Je ne sais pas trop de quoi parler avec eux. Entre sourds on se raconte tout et n'importe quoi. On ne se gêne pas. On est beaucoup plus directs. On ne met pas les formes. Moi je suis très bavarde avec mes amis sourds. Il n'y a qu'avec mon chéri qui est entendant que je ne m'ennuie jamais. Mais c'est parce que nous nous connaissons maintenant depuis deux ans.

Un jour, je fis un court stage à l'école de Condé à Nice, une excellente école de design. J'étais arrivée à m'adapter aux étudiants, même si l'ambiance était assez bruyante. Entre nous le courant passait bien. Je comprenais assez bien ce que la prof expliquait.

Une élève du groupe dont je faisais partie et à qui j'avais expliqué mon handicap et mon désir d'intégrer cette école essaya plusieurs fois de convaincre la prof de m'accepter pour la rentrée mais celle-ci refusa. Je décidai alors de m'adresser à sa supérieure. Je lui dis que j'avais très envie d'étudier dans son école.

Elle répondit : « D'accord, mais je dois d'abord en parler au directeur. » Trois jours plus tard je reçus un mail. Mon inscription était refusée sous le prétexte que mon handicap m'empêchait de suivre les cours. Ils considéraient que je n'étais pas apte. Pourquoi ? J'étais extrêmement déçue. Et que savaient-ils des technologies qui me permettent de transcrire immédiatement en texte ce qui se dit ? Ils n'y connaissaient rien mais se permettaient de juger. Pourquoi m'ont-ils condamnée de la sorte ? Par simple ignorance du monde des sourds et de nos capacités.

Sujets tabous : tout nous oppose

Nous les sourds, nous sommes très ouverts dans nos conversations. Nous parlons de sexe, de porno, nous n'avons pas de tabous. Les garçons adorent parler de ces sujets. Certaines filles ne sont pas intéressées. Moi, ça ne me dérange pas mais il ne faut pas en abuser car après ça devient ennuyeux.

Les jeunes entendants ne parlent pas souvent de ces sujets tabous. Nous sommes vraiment opposés. Ils ont des conversations normales comme l'alcool, la musique, l'argent. Pour les filles c'est le make-up ; les trucs *girly*, les vêtements, la chirurgie esthétique...

Les adultes entendants d'un âge n'aiment pas parler de sexualité mais les adultes sourds oui!

Nous avons aussi d'autres sujets de conversation plus classiques. En fait, tout et n'importe quoi. Peut-être comme les entendants, après tout!

Malentendant ne veut pas dire sourd

Quelle est la différence entre un sourd et un malentendant ?

Une personne sourde est une personne qui n'entend pas sans appareil auditif, ni processeur d'implant cochléaire. C'est une personne qui ne perçoit aucun son, qui est sourde à 100%, comme moi quand je retire mon appareil.

C'est assez compliqué pour un sourd implanté avec un implant cochléaire. Parfois on l'appelle malentendant, parfois sourd... on ne sait pas choisir entre les deux. Les entendants s'imaginent qu'il est plus poli de dire « malentendant » au lieu de sourd, comme si le mot « sourd » était un gros mot mais c'est différent, un malentendant peut entendre entre 50% et 70%, à peu près.

La cause de la surdité du malentendant est souvent naturelle. Il est né ainsi. Parfois il s'agit du gène héréditaire que ses parents lui ont transmis à la naissance ou encore de maladies.

Une personne est sourde parce qu'il lui manque l'ADN de l'ouïe ou parce qu'elle a eu une forte fièvre ou encore des maladies... Il y a des milliers de causes. Comme pour tout, personne n'est parfait.

Enfin, on nous enseigne en langue des signes !

Après le CM2, je me suis inscrite au collège Jean Henri Fabre, un collège ordinaire, ainsi qu'à l'Association pour Adultes et Jeunes Handicapés Berlioz de Nice qui aide, entre autres, les personnes sourdes en milieu scolaire.

À la rentrée de la 6ème, j'étais très contente de retrouver mes anciens amis d'enfance sourds ou malentendants. J'étais très émue ! Nous avions des professeurs spécialisés en français, mathématiques, anglais et l'histoire-géographie et des professeurs *ordinaires* pour les cours qui avaient lieu avec les entendants : sciences de la vie et de la Terre (SVT), physique-chimie, techno et arts plastiques. Nos professeurs spécialisés communiquaient avec nous en langue des signes mais n'étaient pas sourds, à l'exception de la prof de français qui savait très bien oraliser.

Mes pires matières étaient technologie, physique-chimie et SVT.

Les cours spécialisés avec les sourds se passaient dans une petite salle. Nous étions trois : Patrick, Sacha et moi. J'étais la seule fille et c'était sympa. Quand la prof sortait de la classe pour aller chercher quelque chose ou discuter avec un collègue, je faisais n'importe quoi. J'étais sous l'influence de mes deux amis d'enfance. J'agissais comme si j'étais leur esclave.

Pour les cours avec les entendants, nous étions une vingtaine. C'était tellement bruyant que je ne captais presque rien de ce qui se disait.

En mai, nous allâmes en colonie à la Vallée des Merveilles (j'y étais déjà allée en CM1, je crois). Nous faisions beaucoup de randonnées et c'était dur. Nous construisions des cabanes avec des branches et des pierres. C'était *fun*. Nous visitions les musées, le musée départemental des Merveilles, la Maison du miel, le musée historique, la forêt, la nature, le chalet...

En 5ème, Célestin, un nouvel élève malentendant, de deux ans mon cadet, vint se joindre à notre groupe. Il était gentil mais m'embêtait tout le temps. Il avait des problèmes de mémorisation et aussi des difficultés en mathématique. Il ne travaillait pas bien en raison de «compétences insuffisantes». Il était amoureux de moi mais avait une copine, Amandine. Ils se séparèrent et nous décidâmes de nous mettre *en couple*, mais au bout d'un mois il me brisa le cœur. J'étais triste et il exigeait trop de moi. Il ne savait pas comment exprimer ses sentiments. Il était plutôt froid, timide.

Au même moment j'étais victime de harcèlement de la part de Sacha, de Pat mais aussi de Célestin. Des problèmes graves et sérieux. Ils me traitèrent de pute et de salope. Sacha m'insultait par texto ou m'identifiait sur des publications obscènes qu'il postait sur Facebook. Cela me fit tellement de mal que je tombai en dépression, une *dépression noire*. Finalement, je trouvai la force d'en parler à mon prof principal. Je ne pouvais pas lui montrer les textos car je les avais tous supprimés... Il trouvait dommage que je ne les aie pas gardés mais comprenait que la situation était très grave pour moi. J'étais en danger, menacée par trois garçons malentendants... Heureusement, ils ne m'avaient pas touchée. Ils n'utilisaient que des mots écrits mais des mots violents.

Partout où j'allais j'essayais toujours de me rapprocher de mes amies sourdes. J'étais devenue une fille craintive.

Lors d’un voyage à Londres avec ma classe d’anglais, je logeai dans une famille d’accueil avec l’une de mes amies d’enfance sourde, Tania. Notre hôte était une dame très sympathique. Je l'adorais. Nous visitâmes tout ce qu’il y avait à visiter : la Cathédrale de Westminster, le musée Madame Tussauds, Covent Garden, le British Museum, Buckingham Palace, le Tower Bridge... C’était magnifique !

Et nous mangions les plats délicieux cuisinés par la dame anglaise. Mais quand j’étais au lit je n’étais pas tranquille. Une nuit, je me mis à fixer la fenêtre et la porte de ma chambre. J’avais peur qu’elles ne s’ouvrent. Soudain, je vis une boule blanche de taille moyenne — une chose surnaturelle — se détacher du coin du mur et s'approcher lentement de moi. J'étais morte de trouille... Je fermai les yeux, très fort et me forçai à dormir. Le lendemain matin mon pull rouge était à demi ouvert. Je savais que c'était le fantôme. C'était effrayant... Et s’il me violait ?

La même chose arriva à mes amis Pat, Célestin et Sacha. Des événements étranges eurent aussi lieu dans leur famille d’accueil. Alors qu’ils regardaient la télé, assis sur le canapé du salon en compagnie du chef de famille, Pat vit un petit personnage blanc sur la fenêtre. Il eut si peur qu'il en informa le monsieur qui répondit : « Mais non, il ne se passe rien ici. » Paniqués, Pat et ses amis montèrent à l'étage. Dans le couloir ils virent la poignée de la porte de leur chambre bouger de haut en bas. Ils avaient envie de hurler mais ils ne le pouvaient pas... Ils essayèrent d'entrer et y parvinrent. Une fois à l'intérieur, ils s'aperçurent que les rideaux volaient de part et d'autre de la fenêtre, que la lampe du plafonnier se balançait, que les battants de l'armoire s'ouvraient et se fermaient. La pièce était hantée... Ils se cachèrent dans leur lit... Ils racontaient vraiment bien... c'était terrifiant... Mais cette ville est vraiment dingue. Il y a des cimetières au beau milieu de la ville et des gens qui habitent à côté. Je ne pourrais jamais y vivre. Je serais possédée par une force surnaturelle...

Toujours à Londres, nous nous promenions avec la classe sur le quai d'un port de plaisance quand une fille fit tomber son smartphone dans l'eau. Elle paniqua et demanda à la prof de le lui récupérer. Elle fit une telle crise que la prof d'anglais appela des hommes qui travaillaient un peu plus loin. Ils le repêchèrent. La fille était contente. Et nous, nous avions perdu une heure à cause de ce petit incident.

En 4ème, je fis un stage de ski de quatre jours avec ma classe à Saint-Etienne de Tinée. Tout se passa bien. Ma prof de sport photographia l'une de mes chutes les plus mémorables. Il y avait une bonne ambiance. Même notre prof de physique-chimie nous rejoignit pour une visite surprise. Il nous filma avec sa caméra GoPro. Je garde d'excellents souvenirs de ces moments.

En 3ème, je m'entraînai beaucoup pour le brevet.

Au mois de décembre, je cherchai un stage d'observation en milieu professionnel et me présentai à la boutique monégasque de vêtements de luxe Alexander McQueen. Mais la gérante refusa ma candidature. Déçue, je me rendis à la Métropole, le centre commercial de Monaco. Je m'adressai à un autre magasin de vêtements de luxe et demandai à la gérante (en oralisant aussi bien que possible) d'accepter ma candidature. Elle me dit : « D'accord je prends votre CV. Nous vous donnerons une réponse plus tard. » Mais les jours passèrent et je ne reçus aucune nouvelle. J'étais inquiète. J'avais peur de ne pas trouver de stage alors que c'était important pour obtenir des points supplémentaires au brevet. Finalement, l'un de mes enseignants et ami de ma mère contacta une de ses sœurs qui avait une boutique à Menton. Je n'avais plus le choix et je fis mon stage chez « les Zazous », un magasin de chaussures. Comme c'était loin, mon père m'y accompagnait et me ramenait chaque jour en scooter.

Ma prof d'histoire-géo, spécialisée dans l'enseignement des sourds, vint me voir pour discuter avec ma gérante. Celle-ci lui dit que je me débrouillais bien, qu'elle n'avait aucun souci avec moi. Le bilan du stage fut très positif et j'étais ravie d'entendre les gentils commentaires que la gérante faisait à mon sujet.

Après, il fallut rédiger mon rapport de stage. J'y passai la semaine entière, avec l'aide de ma prof de français. Je tapai tout sur ordinateur et imprimai. Mon livre de stage était bien agrafé avec une spirale noire sur le bord, à gauche. J'avais même achevé de faire le PowerPoint sur mon iPad. Je me débrouillais bien sur PowerPoint.

Le jour de l'oral, je stressais vraiment. Mes examinateurs étaient mon prof d'anglais spécialisé dans l'enseignement des sourds et une prof de français entendante. Je leur remis mon rapport de stage pour qu'ils le lisent et projetai ensuite mon PowerPoint sur le tableau pour expliquer et commenter. Quand ce fut fini ils me questionnèrent. J'étais gênée car il ne fallait pas que je dise que ma gérante était la sœur de l'un de mes enseignants. Mais tout se passa bien et mon rapport de stage fut pris en compte pour la note globale.

Un mois plus tard, je reçus une lettre de félicitation m'informant qu'il était placé en 31ème position et qu'on allait me remettre une récompense : la médaille d'Appream. Mes yeux brillaient d'une joie immense et je me fichais d'être seulement 31ème. Je remerciai du fond du cœur ma prof de français spécialisée pour l'aide qu'elle m'avait apportée. J'étais très reconnaissante et très sincère. Mais elle soupirait tout en signant : « Toi, tu as vraiment de la chance. Tu n'es pas comme les autres. Eux ne font rien. Ils sont nuls. »

La cérémonie de remise des médailles eut lieu au lycée Thierry Maulnier. J'étais bien habillée, en robe. Mes parents étaient assis près de moi. Je regardais le vidéoprojecteur puis un monsieur commença à appeler les élèves récompensés. Mon nom retentit. C'était mon tour. Il me remit une médaille dans un écrin et me demanda de dire quelques mots en me tendant le micro. Mais je ne pouvais pas parler ! Il me dit : « Bon, ce n'est pas grave », pensant que j'étais très timide. Puis il passa le micro aux autres. Je n'étais pas timide mais sourde.

La note de mon rapport de stage était 16/20 ! Je n'en revenais pas. En avril, je choisis pour l'oral du brevet histoire des Arts où je devais parler de Guernica de Picasso, d'un monument niçois de Rauba-Capeù et d'une autre œuvre.

Je ne commençai à réviser qu'une ou deux semaines avant l'épreuve mais peu car je n'étais pas très motivée. C'était vraiment dur. J'étais obligée de connaître des dates par cœur, le contexte historique et plein d'autres détails.

Le jour de l'examen j'étais très anxieuse. Mon prof de maths, monsieur Cotta — qui était aussi mon prof principal — était présent, accompagné d'une autre prof entendante qui enseignait aussi les maths. Je leur dis bonjour, attendant qu'ils me fassent signe de m'installer. J'insérai alors ma clef USB dans l'ordinateur pour projeter le tableau de Guernica. Mais ils choisirent le monument niçois. Pas de chance ! Pourquoi n'avais-je pas le droit de décider ? Je croyais que les élèves devaient d'abord présenter l'œuvre mais ce n'était pas le cas et ils commencèrent à m'interroger. J'étais dégoûtée. Naïvement je confessai que je n'avais pas appris suffisamment. Monsieur Cotta était en colère. Il dit : « Bon, c'est dommage... ». L'épreuve se passa mal. C'était l'enfer. J'obtins 9/20 qui était une mauvaise note. J’étais presque aussi mauvaise que mes amis sourds.

Le premier brevet blanc fut un échec. Le deuxième fut presque réussi. Enfin, le vrai brevet fut un succès ! Je stressais comme une malade. Je n’étais pas contente parce que je n’avais pas très bien appris mes repères d’histoire. C’était l’angoisse. Puis le résultat tomba : j’étais admise, avec une moyenne de 12/20. J"étais satisfaite de ma note et fis des cadeaux à tous mes profs pour les remercier de s’être si bien occupés de moi depuis la sixième, surtout ma prof de français qui m’avait enseigné la syntaxe et la compréhension. Pour la syntaxe et les pronoms j’avais encore pas mal de problèmes mais j’étais la meilleure en conjugaison et j’adorais le passé simple, c’était un temps qui me plaisait beaucoup. Je l’aimais surtout parce que les entendants le trouvaient difficile alors que moi je le trouvais simple, comme son nom. Ma prof était très fière de moi et émue quand je lui remis son cadeau. C'était une prof extraordinaire.

Mes deux amis d'enfance Pat et Sacha voulaient que j’aille au lycée général de Saint-Etienne d'Orves avec eux mais je refusai. Je ne voulais plus les suivre, d’autant que Sacha continuait de me tourmenter. Je leur dis : « Non, non et non ». J'avais besoin de respirer, de vivre pour moi-même.

Après le brevet je retrouvai enfin la paix sans garçons et commençai à bâtir mon propre chemin vers l'avenir.

J'avais choisi deux lycées professionnels : Pasteur qui préparait à un bac pro de joaillerie et Les Palmiers qui était spécialisé dans les métiers de la mode. La réponse arriva en juillet et j'en fus très heureuse : le lycée Les Palmiers m'acceptait et l'autre me refusait. Le choix était donc simple.

Dès la rentrée, en seconde, je constatai que j'étais la seule sourde. Tous mes camarades non-entendants avaient pris des voies différentes. Mais je me fis de nouvelles amies. En fait, presque toute la classe.

C'était une très belle année, vécue à fond. Meilleure que toutes celles que j'avais eues dans mon ancien collège. J'étais libre de sortir quand je n'avais pas de cours. On faisait ce qu'on voulait et on était responsable pour soi-même. Nos profs étaient sympas même celle de maths qui nous faisait tellement rire tant elle était brouillonne et peu claire. Nous avions des délires de fous pendant ses cours.

Et puis il y eut la cigarette. Toutes mes camarades fumaient. Un jour, j'achetai ma toute première Menthol Light. Mes amies s'étonnèrent car j'avais toujours refusé quand elles me proposaient d'essayer. Mais j'avais changé d'avis. Je voulais être *cool*. Quelques jours plus tard, j'annonçai à ma mère que je fumais du tabac. J'étais épanouie. Je ne savais pas pourquoi. Mais ma mère fut choquée, anéantie. Son cœur lui fit mal. Elle devint triste. Pourtant elle ne m'interdit pas de fumer mais voulait que je fasse attention... Je n'avais que 17 ans ! Heureusement, elle n'en parla pas à mon père pour ne pas lui faire de peine.

Finalement, j'arrêtai de fumer un mois plus tard. En tout, je n'en avais pas consommé tant que ça. Cette passade prit fin avant même d'avoir commencé.

En classe, j'étais la première. Mes notes variaient entre quatorze et seize sur vingt. Trois fois de suite j'obtins les félicitations. En plus, j'avais une auxiliaire de vie scolaire à temps plein. C'était super mais avec elle je devais oraliser et, quand on ne se comprenait pas, nous échangions par écrit. Je l'avais obtenue grâce au proviseur de mon lycée. Il était très gentil. C'était lui qui la payait. Enfin, je crois. Jamais je n'ai vu quelqu'un d'aussi impliqué.

Il savait que j'étais sourde et faisait tout ce qu'il pouvait pour que je réussisse. Heureusement qu'il était là car l'Association Pour Adultes et Jeunes Handicapés ne m'aidait plus du tout à chercher d'assistant. Elle ne m'apportait plus aucun soutien. De nombreux sourds en voulaient à cette association qui ne rencontrait que des problèmes depuis que la directrice était partie à la retraite.

En février, je fis mon premier stage de deux semaines dans une boutique de retouche à côté de chez moi. Je choisis cette boutique pour ne pas aller trop loin. Mais le travail était ennuyeux et mes activités répétitives. J'enlevais la fermeture des vêtements, ôtais des boutons et les recousais.

Le dernier jour du stage, j'offris des cadeaux à la gérante : un gâteau fait maison avec un drapeau brésilien, son pays d'origine et une coque de portable pour remplacer celle qu'elle avait qui était toute usée. Je voulais ainsi lui témoigner ma reconnaissance.

Après le stage, je repris mes cours au lycée. En juin, je fis un deuxième stage et choisis une boutique à Nice. Je devais y aller en train. Cela faisait des années que je n'avais plus pris le train.

Tout se passa bien et j'oubliai mon stress.

En première, ma vie quotidienne était *blindée*. Je me levais vers cinq heures du matin chaque jour de la semaine pour attraper le bus à 6h45. Le programme commençait à devenir difficile mais l'oral de mon premier stage se passa bien et j'eus une bonne note. Ma prof de mode s'étonna que je présente si bien sur PowerPoint. J'étais très fière et bonne élève en informatique.

Un jour, à force de voir des cigarettes électroniques sur les réseaux sociaux j'en eus envie. Je me rendis donc dans une boutique et en achetai une avec des recharges à la fraise et à la pomme, sans nicotine mais très toxiques quand même. J'étais stressée car je craignais que le vendeur refuse de me la vendre, surtout lorsqu'il me demanda où je vivais pour m'enregistrer dans son ordinateur. Je lui dis : « Monaco » pour qu'il n'insiste pas. Il dit : « Ok, très bien ». En fait, je ne voulais pas indiquer la ville où j'habitais pour éviter que mes parents soient au courant. J'avais seulement 18 ans.

J'étais contente d'avoir acheté ma e-cigarette et je vapotais énormément. J'adorais sentir ces odeurs. Un soir, je demandai à ma mère si elle savait d'où venait ce parfum dans ma chambre.

Non, elle ne savait pas. Je lui dis que c'était une e-cigarette. Elle s'étonna. Elle était mécontente car elle savait que ce produit était assez toxique. Elle me dit : « Si tu continues à fumer, je te déscolarise et l'avenir pour toi c'est fini ! » Je lui répondis : « Mais je ne fume pas, je vapote. C'est différent ! C'est moins mauvais que le tabac ! »

Après cet incident, elle en toucha un mot à mon père. Il n'était pas content non plus. Il m'énuméra tous les problèmes liés au vapotage... J'en avais marre d'eux. J'avais envie de quitter la maison. Ils étaient insupportables avec leurs interdictions, leurs mises en garde. Ils me faisaient souffrir...

Je me cachais tout le temps avec ma cigarette électronique mais j'évitais de vapoter à la maison.

Au lycée, j'obtins une auxiliaire de vie scolaire (AVS) qui venait seulement à mi-temps, 4 heures par semaine mais ce n'était pas suffisant pour moi...

Il y avait aussi un nouveau proviseur. C'était décevant...

En novembre, je fis un stage de plus de deux semaines chez une couturière. «La Zoa Couture» était tenue par une femme congolaise, gentille et active et qui croyait beaucoup dans son Dieu. Je remarquai qu'elle priait tous les jours quand je partais déjeuner avec mon amie qui faisait le même stage que moi. Parfois, elle s'énervait quand je faisais quelque chose de mal dans la retouche et cela me blessait. J'étais émotionnellement très sensible.

Un jour, Madame Coster, ma prof de mode, se rendit à la boutique pour discuter avec ma gérante et faire le bilan de mon premier stage, celui de février qui avait duré en tout dix-neuf jours. Je l'avais bien effectué.

En anglais, on perdit trois mois car on n'avait plus de prof. Même le prof de maths s'absenta au moins trois semaines. C'était la cata. Enfin, une prof d'anglais arriva mais, franchement, elle ne savait pas gérer la discipline dans sa classe et le niveau était vraiment très bas, à peine un niveau de 5ème au collège. Je ne l'appréciais pas du tout. Je ne la respectais même pas. Celle qu'on avait en seconde était très compétente, ses cours étaient structurés et elle avait une excellente pédagogie mais elle avait dû partir en congé maternité. Je la regrettais. J'étais triste car je l'adorais

En maths j'étais perdue. C'était compliqué alors qu'au collège, où j'avais toujours eu des cours en langue des signes dans cette matière, mes résultats étaient bons. Là, dans ce lycée, mon niveau en maths baissait à vue d'œil.

En avril, je fis un quatrième stage, toujours chez «La Zoa Couture» qui ne m'avait pas dit qu'elle déménageait sur Cannes. Résultat, elle m'utilisa pour remplir ses cartons et déposer ses affaires dans différents endroits. Je n'étais pas du tout contente. Après une semaine sans aucun travail de couture et une perte de temps pour mes études j'en fis part à ma directrice qui m'autorisa à quitter ce stage et à en chercher un autre. À ce stade je ne fis pas la difficile. Je pris ce qui se présentait : une petite boutique de couture à Nice, «Rivalhene Retouche». Mais ce fut une belle expérience. Je créai avec ma gérante une veste qui ressemblait un peu à un blouson bomber et l'aidais aussi pour la retouche des vêtements. J'étais vraiment reconnaissante qu'elle m'ait permis de créer cette veste à l'aide de mes patrons Burda que j'avais achetés en mercerie. Elle travaillait énormément pour que ses clients aient leurs vêtements dans les temps. C'était une femme très courageuse qui aimait son travail.

Elle me raconta aussi l'attitude de l'une de ses clientes qui ne cessait de critiquer sa couture et lui disait : « Fais attention là ! C'est mal fait ! Ce n'est pas possible ! C'est foutu … ». Cette femme n'avait aucun respect pour notre métier.

En économie-gestion ma prof me donnait beaucoup trop de devoirs et elle me rappelait ma prof d’histoire-géo du collège qui s’énervait vite et criait vraiment trop fort quand les élèves parlaient. J'en avais marre.

En terminale, j’étais triste que la prof de mode que j’avais depuis la seconde quitte le lycée. Elle partit brusquement. On ne s’y attendait pas. Je n’étais pas préparée à un départ aussi rapide...

Elle fut remplacée par une dame qui paraissait sympa de prime abord mais n’acceptait pas ceux et celles qui arrivaient en retard à ses cours. Elle savait bien se faire respecter.

Cette dernière année fut assez cauchemardesque. Je donnais presque toutes mes forces, révisant énormément pour les contrôles continus, même très tard. Je ne dormais plus suffisamment, à peine six heures par nuit. J’étais souvent de mauvaise humeur le matin. C'était l'enfer car on avait beaucoup de travail, trop de devoirs. La pression était très forte et, du fait de mon implant, mon cerveau était en surrégime, beaucoup plus sollicité que celui de mes camarades.

Mais j'avais la chance d’avoir une relation privilégiée avec une personne qui m’était vraiment précieuse : une orthophoniste que j'avais connue quand j'étais en 4ème et qui assistait toujours au cours de soutien et m'aidait à réviser mon bac. Je la considérais comme un membre de ma famille. Je l'aimais énormément. C'était rare d'avoir une si belle relation ! Elle était incroyable ! D'autres personnes me soutenaient également, notamment Philippe qui m'avait connue quand j'étais en primaire et m'assistait pour mes devoirs à la maison. Avant lui c'était une enseignante qui s'appelait Christelle mais dont les tarifs étaient élevés. C'est pour cela que mes parents avaient préféré demander à Philippe, d'autant qu'avec le temps il était devenu ami avec ma mère qui lui apprenait à parler le thaïlandais. Il était passionné par l'Asie. Il m'accompagna toujours et ce fut grâce à lui, aussi, que j'obtins tous mes diplômes.

J'avais des moments difficiles mais je n'abandonnais jamais et je me battais comme une petite guerrière.

La technologie vint encore à mon secours et je révisai mon bac en m'appuyant sur une application éducative que j'avais installée sur mon téléphone. C'était vraiment pratique.

Pour l'examen du BEP, je passai d'abord la

mode avec ma classe. Je dus confectionner en six heures une tunique taille 40, de façon industrielle. C'était dur ! J'avais l'impression de participer au concours MasterChef. Le jour suivant, une autre épreuve assez difficile consista à réaliser un pantalon. J'avais seulement quatre heures et c'était stressant ! Comme nous n'avions pas eu assez de temps pour finir, la personne qui supervisait l'examen nous autorisa à terminer un autre jour. Elle nous donna une deuxième chance et nous étions contentes.

Je passai ensuite un véritable examen de CAO (conception assistée par ordinateur). Je restai des heures sur l'ordinateur et finis le lendemain. Tout se passa bien.

Le mercredi, j'avais l'épreuve de mathématiques et de sciences physiques. Je transpirais car il y avait certaines choses que je n'avais pas apprises. Je terminai sereinement par l'anglais. Comme je ne pouvais pas oraliser du fait de ma surdité on me donna une épreuve écrite, alors que mes camarades passèrent l'anglais à l'oral.

Enfin, ce fut fini. Un ou deux mois plus tard, mon résultat arriva : j'étais reçue et j'en étais très fière, mes parents et Philippe aussi. Mais en mode mes notes n'étaient pas brillantes. Et pour cause :

on ne me demandait pas de créer ni d'avoir des idées mais simplement d'exécuter.

Mon premier bac blanc fut raté mais je réussis presque le second. Deux semaines avant le vrai bac je me mis à réviser. Au mois de mai, j'eus l'oral de mode. Je bénéficiai d'un aménagement prenant compte de mon handicap. Comme le bruit m'empêchait de me concentrer et de comprendre mon interlocuteur j'étais seule dans une salle avec un adulte. Je fis une présentation sur l'épreuve du pantalon que j'avais eue à l'examen précédent.

Puis les autres matières suivirent. Je stressais beaucoup mais j'étais contente qu'Evelyne, mon orthophoniste, ait pu venir m'expliquer les consignes. Je passai les matières d'histoire-géo et de français.

J'offris un cadeau d'adieu à Evelyne pour la remercier de m'avoir accompagnée de la 4ème à la terminale et je partis ensuite en vacances avec mes parents en Thaïlande. Le résultat fut communiqué quand j'étais là-bas, le 5 juillet. Je me connectai sur internet depuis ma deuxième maison et tapai mon nom dans la barre du site de l'Éducation nationale. J'étais admise avec la mention assez bien et j'avais réussi avec 20/20 l'épreuve de langue des signes

(LSF) qui était considérée comme une langue étrangère.

Mes parents et la famille de ma mère étaient très fiers de moi et nous célébrâmes mon succès au restaurant. Le reste des vacances fut un beau souvenir.

Relations amoureuses 2.0

Quand j'avais 13 ans, en sixième, je rêvais d'avoir un amoureux américain avec de beaux cheveux blonds et des yeux bleus d'azur.

Au collège, un garçon malentendant aux yeux gris tomba amoureux de moi mais il ne correspondait pas à mes critères, étant plutôt costaud. Il me taquinait sans arrêt puis commença à me harceler. J'en parlai à mon prof principal qui lui demanda d'arrêter ses bêtises. Mais il continua. J'étais en colère quand il renversait mon sac d'école ou me volait juste pour s'amuser avec ses copains. Puis je me mis à l'aimer. On se parlait par texto et d'un commun accord on déclara qu'on était *en couple.*

Comme c'était sa toute première relation amoureuse, il était très timide, froid et pas très affectueux. Même s'il était rigolo, sa timidité m'éloigna de lui... Parfois, il m'appelait sur Skype pour discuter en LSF mais il n'arrivait pas à me parler *en live*. Un jour, devant l'écran de mon téléphone, il me demanda de me déshabiller, de tout retirer. Je lui dis : « Non ! » et pour me montrer comment faire, il commença lui-même à se déshabiller. Il allait se mettre complètement nu mais je l'arrêtai. Je souffrais. J'étais en dépression.

Un autre jour, il me réclama quelque chose de tabou que je ne compris pas. Il voulait voir une partie féminine, intime et me dit un mot commençant par ch***. Je ne voyais pas de quoi il s'agissait et cherchai sur internet. Enfin je saisis ce qu'il insinuait. Il me dit qu'il voulait passer à l'acte avec moi. Je répondis : « Oui, on le fera au collège dans un endroit caché ». Mais on ne le fit jamais. Il était trop timide.

Faites très attention à vos enfants. Méfiez-vous ! Les collégiens et collégiennes sont en danger. On ne connaît rien à la sexualité quand on est un jeune ado de douze ou quatorze ans. Les filles peuvent tomber enceintes sans préservatif et beaucoup de filles sont victimes de photos *nude*. On appelle *nude* des photos de filles nues, prises à leur insu ou stockées par les filles elles-mêmes et que de mauvais garçons leur volent sur leur portable pour les montrer à des amis ou les faire circuler sur les réseaux sociaux. Ces filles sont innocentes. Sourds ou entendants, personne n'est épargné.

Un programme de SVT sur la reproduction sexuelle est enseigné en 5ème mais ce n'est pas suffisant. Je conseille à tout le monde de prendre des protections contre les maladies transmissibles et contre le sida.

Heureusement, je ne suis pas tombée enceinte. Vous imaginez la tête de mes parents s'ils avaient appris tout ça ! J'étais une gamine qui ne connaissait rien à la sexualité...je me sentais embarrassée. À ce copain qui voulait que je lui montre mes parties intimes je lui dis : « Je ne veux pas car je n'aime pas ». Mais comme il insistait je finis par prendre une photo *de mes deux fleurs* avec une veste en jean de ma mère, craignant de m'exposer entièrement. J'utilisai aussi son Ipad et envoyai les photos sur Messenger. Il était très content de les voir.

Quelques jours plus tard, ma mère découvrit ces messages choquants et une photo *de mes deux fleurs* sur son téléphone . Elle était en état de choc absolu. Elle n'avait plus de mots pour s'exprimer tant elle était dévastée. Elle pleura puis me dit : « Pourquoi tu me fais ça ? C'est quoi ? Pourquoi ? Pourquoi ? » J'avais oublié de supprimer les messages et les photos et j'étais totalement stressée.

Mon père était en furie. Je me sentais tellement mal. Après cet incident, à la récré, mon copain montra ma photo à ses deux copains qui s'exclamèrent : « Wow c'est cool ça, ahaha ! » Ils vinrent vers moi et me questionnèrent : « C'était toi, ça ? » et je répondis : « Heuuu oui ! ». Je réagissais de manière étrange, comme si ça m'était égal. Je ne ressentais même pas de colère.

Mon père appela mon prof principal pour organiser une réunion avec mon copain...

Le jour de la réunion, je me sentais comme d'habitude. Je ne savais pas ce qui allait se passer ni comment ça se déroulerait.

La réunion eut lieu dans une grande salle. Mon amoureux semblait très nerveux. Sa mère était là. Il y avait mon professeur de mathématiques qui était aussi mon prof principal et une directrice dont le travail consistait à gérer les personnes sourdes et malentendantes. Mes parents étaient assis à côté de moi. Un de chaque côté. J'avais l'impression qu'il y avait des caméras de surveillance. J'eus soudain tellement peur. Tout se mélangeait dans ma tête : le malaise, le stress, la culpabilité.

Pendant ce temps, les adultes avaient des conservations sérieuses. La maman de mon copain lui donna une claque car il faisait vraiment de grosses bêtises. Elle lui demanda de supprimer la photo censurée. Il voulut la lui montrer mais elle refusa de la regarder. Il la supprima en une fois, avec succès. La réunion dura longtemps mais se passa bien. Je ne me sentais pas très saine... Après cet incident mon copain me quitta. J'étais si triste. Je pleurai.

L'année suivante, en cinquième, il voulut qu'on se remette ensemble. Je lui dis : « Oui ». Au bout d'un mois, il décida de me quitter car il n'avait pas de sentiments pour moi. Je dis : « D'accord ». Ce fut encore un moment traumatisant, comme lorsque j'étais en sixième. Quelques mois plus tard je me mis à le détester car il aimait d'autres filles. Il était infidèle.

Un jour, dans la cour, un grand garçon asiatique me demanda si j'étais vietnamienne. Je lui répondis que j'avais d'autres origines et il sembla déçu. Lui, était viet. Mais comme je le trouvais mignon, je lui envoyai une demande d'ami sur FaceBook. Je n'obtins aucune réponse. Sans doute était-il timide ou alors il y avait autre chose. En fait, je crois qu'il était amoureux de moi car il n'arrêtait pas de me regarder à la récré.

En 4ème, mon ex eut une copine malentendante qui le quitta après un an de relation. Cette rupture le blessa et il fut très déprimé… Il ne pouvait pas l'oublier.

L'année d'après, en 3ème, je remarquai qu'il éprouvait de nouveau des sentiments pour moi. Mes amis me disaient qu'il retombait amoureux mais ce n'était pas le cas. Il m'appréciait comme amie, pas plus. De mon côté, je ne ressentais plus rien.

À 18 ans, je rencontrai mon deuxième copain sur des réseaux sociaux. Il se nommait A* et était d'origine arabe. Quand j'appris qu'il était musulman je ne me sentis pas trop à l'aise car je suis de religion bouddhiste. Mais je finis par m'habituer. Il m'aimait énormément mais mes parents désapprouvaient cette relation. Deux mois plus tard, il me quitta car il était obligé de s'installer au Maroc avec sa famille. J'avais le cœur brisé… Quand j'annonçai la nouvelle à mes parents je compris qu'ils étaient bien contents. Pas moi.

En 2017 j'eus un troisième petit copain qui se nommait R*. Il m'avait envoyé une demande d'ami sur Facebook. Je ne l'avais vu qu'une seule fois à un événement rassemblant des fans du Japon et de mangas (les otakus). J'acceptai son invitation.

Il m'envoya un message : « Salut ça va ? », accompagné d'un emoji positif. Nous commençâmes alors une longue conversation...je lui demandai s'il était amoureux de moi. Il me dit « oui » et mon cœur se mit à battre à cent à l'heure. Après une semaine, on organisa un *date* (un rendez vous) qui se passa bien. Le soir, il me demanda si j'accepterais qu'on soit *en couple*. Je lui dis « oui » mais je n'étais pas trop sûre. C'était un peu rapide. À ce moment-là je ne savais pas qu'il était atteint de dyslexie et de dyspraxie (trouble du développement moteur qui touche la planification, la réalisation, la coordination et l'automatisation des gestes volontaires).

Le jour de l'anniversaire de ma meilleure amie Romane, ma *bestie*, je l'invitai à venir. Nous allâmes manger dans un resto asiatique. Pour nous qui n'échangions qu'en langue des signes la journée était sympathique mais pour lui qui ne comprenait rien, ça devait être ennuyeux. Pourtant, il resta. Quelques amis sourds le trouvèrent louche. Quand je leur dis qu'il avait un handicap, ils semblèrent surpris...

Ma mère ne me laissait pas sortir. Aussi, quand je me rendais dans une autre ville de la Côte je lui disais que j'allais voir mes amies à Nice. Je ne parlais jamais de R*. Je savais bien qu'elle refuserait. Elle n'avait aucune confiance en lui alors qu'elle ne l'avait jamais vu !

Un jour, je décidai de le présenter à mes parents. Ma mère était très dure quand il s'agissait de mes copains mais elle accepta quand même de le recevoir.

On passa la journée chez moi puis je le raccompagnai à la gare pour qu'il reprenne son train. À peine rentrée, ma mère me dit qu'il était bizarre et anormal. Je lui dis qu'il était tout à fait normal. Je n'acceptais aucune critique ou avis négatifs. C'était mon caractère.

Au fil des mois, je me rendis compte que je n'avais pas de vrais sentiments et le quittai après seulement neuf mois de relation. Il était très triste et pleura. C'était compréhensible et j'étais vraiment désolée mais je ne pouvais pas me projeter dans l'avenir avec lui. C'était sans doute à cause de sa maladie qui était quand même assez sérieuse... Ma mère aussi s'inquiétait pour moi. Elle me disait que son futur métier — l'ingénierie informatique — était trop éloigné de mes centres d'intérêt et qu'entre nous ça ne fonctionnerait jamais. Quand ils surent que je n'étais plus avec lui ils furent soulagés.

Quelques mois plus tard, je remarquai sur les réseaux sociaux que ma cousine thaïlandaise utilisait deux applications de rencontre pour se faire des amis et des relations amoureuses. Ensemble nous échangions en anglais par internet à plus de 9000 kilomètres de distance. Intriguée, je lui demandai si ça fonctionnait bien. Elle confirma ! J'installai alors à mon tour l'une de ces applications sur mon téléphone, créai mon profil en un clic et reçus immédiatement des notifications. Les candidatures masculines affluaient. Certains hommes tombèrent amoureux. Peu de temps après, je me rendis compte que sur cette application il n'y avait aucun type qui correspondait à mes attentes.

Je téléchargeai la deuxième et reçus des vingtaines de notifications par jour. Ceux qui me contactaient étaient souvent des hommes qui cherchaient des plan c** et n'étaient pas intéressés par des relations sérieuses. Je les refusai toutes.

Il y eut aussi des jeunes, visiblement riches, qui voulaient se mettre *en couple* avec moi et proposaient un rendez-vous. Mais je n'avais pas confiance. Je me fichais de leur or.

Un jour, toujours sur cette application, je m'épris d'un Franco-algérien. On s'organisa un rendez-vous amoureux. Je n'étais pas très à l'aise. Il savait que j'étais sourde mais ça ne le dérangeait pas du tout. L'après-midi, on se reposa dans la forêt. J'étais gênée parce qu'il fumait de l'herbe, de la beuh... Je n'avais pas compris. Je croyais que c'était des cigarettes ordinaires. Je voyais aussi qu'il faisait une espèce de trafic, quelque chose d'illégal avec ses amis dans le centre-ville… dans un endroit discret. On se mit *en couple* après notre première rencontre.

Brusquement, alors que nous avions échangé des messages pendant près de deux semaines, il ne me répondit plus ! J'étais très inquiète et contactai son ami qui me dit que son téléphone ne marchait plus et qu'il avait des problèmes de famille. Je perdis confiance et décidai d'officialiser notre rupture sur les réseaux sociaux. Je ne le trouvais pas sérieux. Il prit très mal que je le quitte et se mit en colère. Ben quoi ? Ce n'était pas de ma faute.

Je vivais sur ces applications de rencontre comme sur un grand huit... J'avais en horreur ces hommes qui m'envoyaient des photos censurées ... J'en bloquais beaucoup !

À l'automne 2016, j'installai une troisième

application de rencontre, une française cette fois-ci. J'avais peu de notifications mais j'identifiai quand même un candidat, un homme qui habitait tout près de chez moi. Je lui transmis un message.

D'abord il me dit : « Non, tu ne m'intéresses pas ». J'étais désespérée. Un mois plus tard il proposa de se voir. J'étais contente qu'on s'échange nos 06. Il s'appelait L*. On se parlait beaucoup par messenger. J'appris qu'il venait d'une famille de classe moyenne-supérieure et travaillait dans un secteur connu de la gastronomie-pâtisserie de ma ville natale.

On se rencontra. Il vivait à cent mètres de chez moi. Ça me faisait bizarre. Dès que je le vis je remarquai qu'il était plus petit que moi, peu musclé avec un visage carrément sérieux. On se parla un peu en textotant sur nos téléphones car il avait du mal à me comprendre. En vrai, il était totalement différent. Ce n'était plus les longues conversations que nous avions par messages. Étrange !

Un autre jour, j'étais chez lui quand je vis des numéros sans nom s'afficher sur son téléphone. Il me textota un message. On était l'un à côté de l'autre et il me parlait par sms ! Je ne comprenais pas pourquoi il faisait ça. J'avais l'impression qu'en même temps qu'il m'envoyait des messages il textotait à d'autres filles. Ou bien il jouait à un petit jeu... J'avais de moins en moins confiance.

Je voulais lui parler pendant la journée comme le font tous les couples mais il ne pouvait pas à cause de son travail et moi, à cause de mon lycée. J'étais extrêmement déçue et c'était compréhensible. Il s'énerva. Il trouvait que je « parlais » trop, que j'envoyais trop de sms. Donc j'arrêtai. Six mois plus tard, il me promit un dîner romantique mais il ne se passa rien. Il le faisait exprès. Soit il était égoïste, soit il me cachait quelque chose. Je pensais qu'il avait plusieurs filles en même temps et échangeait avec elles ou continuait à aller sur les sites de rencontre.

Je me mis à l'ignorer et il recommença à me contacter, des mois durant.

En mars ou avril 2017, je rencontrai sur une application un jeune homme métissé suisse-thaï de 22 ans. Il s'appelait Michael. Il était beau, mignon mais je n'aimais pas sa frange. On se parlait énormément par messenger. Petit à petit je commençai à éprouver des sentiments pour lui, à m'ouvrir. Je lui demandai ce qu'il aimait dans la relation. Il me répondit : « Trois choses : avoir bon cœur, être fidèle et être en confiance ». Je trouvais que c'était un homme bon. On se mit *en couple* le 8 mai 2017. Pour la première fois j'étais très sûre et confiante. Je parlai de lui à mes parents. Ils semblèrent méfiants et anticipèrent avec inquiétude la suite de notre relation.

Comme Michael voulait me voir pendant les vacances d'été, il acheta un ticket de bus. Huit heures de trajet ! Wow... c'était courageux. Tout ça pour me rencontrer... Quand je le vis mon cœur battit très fort. J'étais intimidée et je n'arrivai pas à lui parler... Il était très content de me voir « pour de vrai ». J'étais déçue que mes parents ne puissent pas l'accueillir chez moi. Il dormait dans un hôtel assez insalubre de Nice car il n'avait pas beaucoup d'argent.

Le lendemain, je le présentai à mes parents. Ils restèrent neutres mais au fond ils le trouvèrent bizarre. À mes yeux, il était tout à fait normal. La veille de mon anniversaire, il m'acheta une bague de la marque APM que je choisis moi-même à Monaco. Le 9 août, pour mon anniversaire, il m'offrit un collier en argent. Par principe il me dit qu'il n'offrait jamais de cadeaux de grande valeur au début d'une relation.

J'étais contente que mes parents acceptent de

l'accueillir pour une nuit, même si nous devions dormir séparément.

Le jour de l'anniversaire d'Imen, une amie d'enfance, nous passâmes la journée à Nice mais je ratai le dernier train. Michael se mit en colère car j'étais sous sa responsabilité. Je ne l'avais jamais vu ainsi. Il me fit peur. Comment et où allais-je dormir ? Qu'allaient penser mes parents ?

Je lui passai mon téléphone pour qu'il leur annonce la mauvaise nouvelle. Ils étaient très inquiets pour moi. Ils lui avaient fait confiance. Il était plus âgé. Il était responsable.

Du coup, nous avions dormi tous les deux dans son auberge de jeunesse. Normalement, je n'aurais pas dû entrer dans la chambre des hommes mais personne ne nous vit. Un autre type ronflait dans le lit en-dessous.

Miki m'embrassa. C'était notre première nuit ensemble. Il me serrait très fort dans ses bras. C'était très mignon et j'en oubliai mes soucis.

Pendant ce temps, la mère de mon amie Imen disait à mes parents de ne pas se faire de soucis. Elle essayait de les rassurer mais ils étaient fâchés.

Le lendemain, on prit le train très tôt. On arriva chez moi. Je me douchai et me changeai. Bizarrement, mes parents ne me firent aucune réflexion.

Puis nous allâmes visiter de beaux endroits à Monaco et sur le bord de mer...

Je présentai Miki à ma grand-mère laotienne (la mère de mon père). Elle était ravie de le voir et nous fit des cadeaux. Elle me donna de l'argent pour mon anniversaire. Elle lui en donna aussi, juste pour lui faire plaisir. Elle est très gentille, douce et généreuse ! Mon cousin, métissé espagnol et asiatique, le rencontra aussi et ils discutèrent longuement. Il l'appela « bro » comme frère, c'était adorable !

Le dernier jour, je l'accompagnai avec mon père à la gare routière.

J'étais vraiment triste de le voir partir. Nous pleurions tous les deux à chaudes larmes. Nous nous embrassions. Puis il monta dans le bus et partit. Je lui fis des signes d'au revoir.

Avant de nous quitter nous avions parlé de notre futur. Il m'avait dit qu'il s'inquiétait. Si nous avions un enfant plus tard, il avait peur qu'il soit sourd. Je lui avais dit de ne pas se tourmenter, que mes futurs enfants seraient entendants, que le docteur l'avait dit à mes parents. Après tout, la vie n'est jamais parfaite !

Et ce sujet de conversation revenait souvent. Ça m'énervait quand il se faisait trop de souci pour moi. Mes parents me disaient : « Laisse-le tomber s'il est trop anxieux. Concentre-toi sur toi pas sur lui ». Je leur répondais : « Non, il est hors de question que nous nous séparions ! » Trois mois plus tard, ces discussions incessantes à propos de nos futurs enfants, du risque qu'ils soient sourds, la distance qui nous séparait, tout ça m'énervait. Je m'en fichais, moi, qu'ils soient sourds. Je ne les en aimerais pas moins ! Cela s'appelle l'amour du fruit.

Je finis par vouloir faire une pause. En fait, je le quittai et lui annonçai la mauvaise nouvelle sur WhatsApp ... Il était en état de choc. Il pleura. Il pleura énormément. Le soir il but beaucoup d'alcool alors qu'en temps normal il n'aimait pas boire. Il avait envie de se détruire. Il ne pouvait pas m'oublier. Heureusement, son ami était là pour l'aider. Il utilisa son téléphone et me dit : « Ton ex est en danger ». Il l'emmena à l'hôpital en mauvais état... Je me sentais vraiment mal... c'était traumatisant. J'étais navrée pour lui...

Après cet incident, je pris des nouvelles pour savoir si ça allait. Il me dit : « C'est bon ».

Je retournai alors sur l'application. J'avais besoin de rencontrer de nouvelles personnes. Quelques semaines plus tard, j'avais quatre ou cinq copains virtuels et un qui habitait Nice. Mais je les trouvais tous assez inintéressants. Aucun ne correspondait à mon type d'homme.

Michael me parlait souvent sur WhatsApp. Il pensait toujours à moi. J'étais son ancienne copine et il n'en avait pas de nouvelle. J'en avais un peu marre. Je le trouvais collant. Il m'étouffait.

En décembre, je repris mes conversations avec L*. Je lui rendis visite. J'étais contente de le voir mais je restai froide…

Deux semaines plus tard il m'envoya un texto qui disait : « Viens chez moi maintenant, s'il te plaît ». Je lui répondis : « Je ne peux pas. Je suis en famille ». Il répliqua : « J'ai une petite surprise pour toi ». Mais même s'il habitait tout près il était tard. Finalement, je cédai. À neuf heures du soir je dis à ma mère : « Je sors la poubelle puis je dois m'absenter quelques temps mais ne t'inquiète pas. Fais-moi confiance ». Elle ne savait pas que j'allais chez L*. C'était assez énervant que ce dernier me force à venir chez lui… Je constatai en arrivant qu'il n'y avait pas de surprise. Il me dit que la surprise était de venir le voir, de se faire des câlins et des bisous, rien de spécial…pas de promesses…

Un jour, il m'écrivit : « Bonjour ma chérie, à partir de maintenant j'aimerais construire une relation sérieuse avec toi. Je te jure que je suis sincère ». Je lui répondis : « Non, tu ne l'es pas. Je ne te crois pas. Je ne te fais plus confiance et ne veux pas me mettre de pression. De toi, je ne veux plus rien du tout ».

Puis je me mis à l'ignorer en préparant une vengeance discrète ! Quand il me contactait je lui disais toujours que j'étais occupée. J'avais vraiment envie de le quitter. J'en faisais une affaire personnelle... c'était un vrai c***

Malgré cela il n'arrêta pas de passer des coups de fil et de m'envoyer des messages. Il continue toujours et je continue de l'ignorer.

En février ou mars 2018, je décidai de me remettre avec Miki. Il était aux anges. Le 8 avril, on se fiança en mode 2.0, par internet, pour que notre amour dure longtemps mais sans avoir l'intention de se marier tout de suite. Pas avant que j'aie 26 ou 27 ans.

Ma mère était déçue car la tradition thaïlandaise des fiançailles veut que les parents du garçon viennent chez la jeune fille pour se mettre d'accord. Mais la mère de Miki ne pouvait pas venir. Elle était trop occupée à faire des gâteaux pour le restaurant thaïlandais qui l'emploie. La famille de

Miki ne vit pas en France mais en Suisse. Ma mère me dit : « Ce n'est pas grave. C'est bon, j'accepte ».

Le 9 août 2018, jour de mon anniversaire, j'allai manger dans un restaurant de Nice avec Romane, ma *bestie*. Ensuite, nous avions prévu de faire du shopping tout l'après-midi.

Nous étions dans la boutique Jennyfer, en train de regarder des vêtements, quand je sentis quelque chose bouger dans mon sac. Je m'aperçus qu'il était ouvert ! Je le refermai et continuai à regarder les tee-shirts. De nouveau il se rouvrit et je constatai que mon portefeuille, imitation Louis Vuitton sans logo, avait disparu. On me l'avait volé. Au même moment je vis un homme d'une trentaine d'années quitter la boutique. Il me parut bizarre.

J'étais morte de panique intérieurement...je dis à Romane que mon portefeuille contenait plus de 300 €, une carte d'identité et une carte d'invalidité. Je regardai partout dans le magasin. Elle était désolée et très inquiète pour moi...

Je demandai à la caissière si elle avait une caméra de surveillance, l'informant que j'avais perdu un objet de valeur. Non, il n'y avait pas de caméra de surveillance. Je lui laissai mon numéro au cas où elle trouverait mon portefeuille.

Pendant ce temps ma *bestie* signait : « Oh, elle est nulle cette boutique. Il n'y a pas d'agents de sécurité ni de caméras de surveillance. » Heureusement, elle me paya tout. Elle était vraiment généreuse, comme d'habitude.

Depuis le début de la journée je recevais des SMS de mes amies sourdes Sarah et Héloïse. Elles me parlaient de quelque chose d'urgent et voulaient que je vienne immédiatement. Mais je leur répétais que je ne pouvais pas, que c'était mon anniversaire et que nous étions à Nice, Romane et moi. Mais je leur promis de passer chez Héloïse plus tard. Elles insistèrent mais je décidai d'ignorer leurs messages. En plus, le temps était mauvais et il pleuvait très fort.

Nous entrâmes avec Romane dans plusieurs boutiques et fîmes du shopping tout l'après-midi. Enfin, nous nous décidâmes à rentrer sur Monaco et à passer chez Héloïse. Je lui envoyai un texto un peu avant d'atteindre son immeuble. Nous montâmes au septième et je sonnai.

Elle m'ouvrit et me dit d'attendre un peu. Puis elle me cacha les yeux et m'entraîna jusqu'au balcon. Quand elle retira sa main je vis alors mon chéri. Il était assis devant moi et tenait dans ses mains un beau bouquet de fleurs. J'étais sous le choc, très émue de le revoir. Il m'avait dit qu'il ne pouvait pas venir. En fait, il avait voulu me faire une surprise … avec la complicité de mes amies. Je m'élançai dans ses bras. Je pleurai. J'étais touchée. Il avait tout fait pour venir. C'était si courageux. Mes amies étaient contentes que nous soyons enfin ensemble. Il était là depuis le matin ! Il m'avait attendue toute la journée alors que je faisais du shopping ! En plus, il devait rentrer le lendemain. J'étais écœurée. Je ne voulais pas qu'il parte si vite ! Mais aussi pourquoi avais-je ignoré les messages d'Héloïse et de Sarah ?

Et, drôle de coïncidence, il lui était arrivé la même chose qu'à moi, ou presque ! On lui avait volé sa valise dans la soute du Flixbus. Les arrêts étaient fréquents et quelqu'un s'était peut-être trompé.

Il voulut qu'on aille au resto mais j'étais attendue chez moi pour mon anniversaire. Le pauvre ! Il était si déçu. Mais je n'y pouvais rien. Mes parents ignoraient qu'il était venu spécialement à Monaco pour me voir.

Heureusement il put rester chez Héloïse et

manger chez elle. De mon côté, j'avais hâte que le repas de famille se termine.

À peine achevé, j'allai le rejoindre et on sortit en ville avec mes amies Sarah, Héloïse et Romane.

Nous nous amusâmes bien et fîmes de belles photos dans la nuit. Ce fut inoubliable...

Mais Miki voulait dormir avec moi chez Héloïse, ce qui n'était pas possible car Romane devait passer la nuit chez moi... Il me faisait vraiment de la peine. En plus, on ne s'était pas vus depuis un an ! Il m'avait beaucoup manqué.

Héloïse accepta de l'héberger pour la nuit puis nous rentrâmes avec Romane, sur le coup d'une heure du matin.

Le lendemain, nous l'accompagnâmes à la gare routière pour qu'il reprenne son bus. Mais on arriva trop tard et il le rata.

Il me demanda si je pouvais lui acheter un billet d'avion mais je n'avais pas encore de carte de crédit. Il appela son père qui ne pouvait pas non plus lui payer le prix du vol. On n'avait plus le choix. Il fallait qu'il vienne avec moi.

À la gare de Monaco nous récupérâmes Nina, une autre amie sourde qui venait passer la nuit chez moi. Décidément ! Il y avait toujours quelqu'un et la surprise de Miki était vraiment mal tombée.

Nous allâmes voir ma mamie pour lui demander de l'héberger pour la nuit. Il lui parla de ses problèmes, lui dit qu'il avait raté son bus. Mais elle répondit : « Non, je ne peux pas. Ce n'est pas possible. Je suis désolée. ». J'insistai et lui fis remarquer qu'elle avait un canapé-lit dans le salon et que je ne voyais pas où était le problème. Elle refusa sans hésiter… J'étais vraiment déçue. Elle voulait qu'il dorme à l'hôtel mais je lui répondis que c'était cher et qu'il n'en avait pas les moyens. Après une longue discussion je compris qu'elle ne céderait pas. J'essayai donc de convaincre Miki de venir dormir chez moi. Mais il s'y opposa. Il ne voulait pas que mes parents le rejettent comme l'année précédente.

Nous sortîmes et marchâmes en direction de mon immeuble. Mais il s'arrêta à mi-chemin. Il refusa de me suivre et moi je ne pouvais pas le laisser, comme ça, dans la rue…cela me faisait très mal au cœur… Il s'éloigna. Nina et moi, nous rentrâmes chez moi pour dormir.

Je racontai tout à ma *bestie*, très inquiète que Miki dorme dehors pour la première fois.

Le 11 août au matin, je lui envoyai un message car nous voulions être rassurées. Une vingtaine de minutes plus tard, il me répondit : « Je suis au McDo car je n'avais pas de 4G ». Il me donna un rendez-vous devant l'immeuble de ma mamie.

Je fus obligée de tout raconter à mes parents et ils eurent l'air étonnés. Ils étaient gênés que Miki ait dormi dehors. Ils semblaient sincèrement désolés. Ma mère m'expliqua qu'elle ne pouvait le recevoir l'année précédente car elle ne le connaissait pas suffisamment mais que là c'était différent. Elle accepta qu'il dorme chez nous, dans ma chambre en plus ! Franchement, la vie de ma mère avait été très différente de la mienne. Elle avait rencontré son premier amour — mon père — à l'âge de 27 ans et moi à 18 !

Deux heures plus tard, nous partîmes retrouver Miki. Il était totalement épuisé, n'avait pas dormi de la nuit (car il y avait beaucoup de moustiques sur la plage). Il avait très faim, il était tout pâle, le pauvre… Tous ensemble nous rentrâmes à la maison. Miki dit poliment bonjour à mes parents. Ils lui parlèrent, le rassurèrent en lui conseillant de ne pas trop penser à toutes ces mauvaises choses. Il prit une douche puis mon père lui prêta des habits car il n'avait plus de valise. Ensuite il mangea pour reprendre des forces et bien se reposer.

Après cela on eut une conversation avec mes parents et mon père acheta deux billets d'avion : un pour Miki et un autre pour moi. J'étais contente car j'allais pouvoir visiter son pays pour la première fois. L'après-midi, Nina repartit chez elle en moto. Quelqu'un était venu la chercher.

Miki et moi passâmes la journée à Monaco et nous nous envolâmes le lendemain pour la Suisse. Mes parents nous accompagnèrent à l'aéroport. C'était sympa.

Miki m'accueillit chez lui dans son petit studio.

Je découvrais son pays, c'était vraiment magnifique ! J'adorais la ville de Bâle. J'étais ravie de rencontrer son père et sa mère. Ils étaient gentils et ouverts d'esprit. Sa maman était adorable et douce.

Une semaine après, je rentrai en France triste comme chaque fois qu'on se quittait. En décembre, je retournai en Suisse pour les vacances de Noël et surtout pour revoir mon amour !

Ces fêtes de Noël furent inoubliables. L'été 2019 je m'y rendis de nouveau. C'était génial. Je visitai avec lui de nouveaux endroits comme Lucerne, Titisee, et d'autres villes et villages.

Un jour, nous nous rendîmes au festival thaïlandais de Berne avec son père pour vendre les gâteaux que la mère de mon chéri avait préparés. L'ambassade thaïlandaise de Berne lui avait payé la location du stand, 1000 francs suisses pour deux jours !

C'était dur. D'abord il ne faisait pas beau, le temps était très pluvieux et froid mais on vendait assez bien. Je regrettais que sa mère ne puisse pas être avec nous mais elle travaillait au restaurant. Nous avions pourtant une grande affiche qui la montrait en train de faire sa pâtisserie. Les autres femmes vendaient mieux que nous car leurs prix étaient plus bas et elles étaient présentes sur leur stand.

Je visitai tous les stands pour goûter ce que les exposants proposaient. La nourriture thaïe était vraiment délicieuse.

J'étais aussi étonnée de voir autant de jeunes adultes thaïlandais métissés européens et des bébés vraiment adorables ! J'aperçus aussi deux sourds qui parlaient en langue des signes. Je m'approchai et nous fîmes connaissance. Ils étaient plus âgés que moi mais nous avions beaucoup à partager. La langue des signes nous permettait d'échanger, alors que leur langue de base était le suisse-allemand et la mienne le français. Mais nos langues des signes avaient beaucoup de similitudes. La dame m'apprit qu'il y avait pas mal de sourds à Zurich et à Berne. J'étais surprise. Je n'en savais rien. Je n'avais encore jamais rencontré de jeunes sourds étrangers.

À la fin de la journée, Norbert, le père de Miki n'en pouvait plus. Il avait mal aux jambes. Nous étions épuisés d'avoir tant travaillé. Le deuxième jour et dernier de la fête thaïlandaise, le temps était toujours aussi mauvais : du vent et de l'orage. Je vis encore des sourds discuter en langue des signes suisse-allemande. Je leur fis signe. Un homme s'approcha. Il était laotien. On se parla un peu mais je ne voulais pas les déranger alors qu'ils se baladaient entre les stands. L'homme me dit que je ne le dérangeais pas du tout.

À la fin de la deuxième journée nous rentrâmes à Bâle chez Miki. Nous avions mieux vendu le deuxième jour car nous avions baissé les prix de moitié.

Nous étions bien ensemble Miki et moi. Mais il me fallait rentrer en France deux semaines avant la fin du mois d'août pour préparer deux créations fleuries pour la rentrée.

Il était décidé que je reviendrais en décembre. Mais en décembre mon vol et les suivants furent annulés. J'étais très déçue. Heureusement que mes parents m'accompagnaient. Si j'avais été seule je n'aurais jamais pu m'en sortir. C'est très difficile les aéroports pour les sourds, surtout quand il y a des changements, des annulations.

Mais il était possible de prendre un bus jusqu'à Mulhouse. Ma mère ne voulait pas que je fasse un trajet de huit heures mais j'insistai. Je devais retrouver mon fiancé.

J'attendis le bus pendant deux heures. J'étais assise à côté d'une jeune femme sympathique, une Alsacienne, qui habitait Antibes et partait voir sa famille pour Noël. Elle m'apprit que le vol avait été annulé en raison de problèmes météorologiques, qu'il y avait beaucoup de vent et de la tempête. On se parla beaucoup pendant le trajet. On écrivait sur le bloc-notes de notre portable car elle ne pouvait pas me comprendre et je ne pouvais pas décrypter ce qu'elle me disait car nous étions assises côte à côte. Elle était passionnée de couture et je lui parlai de mes créations de mode et de l'école où j'étudiais à Cannes. Elle était très intéressée et voulait savoir comment cela se passait pour moi, quelles étaient mes difficultés, comment je me débrouillais en tant que sourde.

On s'arrêta trois ou quatre fois dans des stations essence pour pouvoir s'approvisionner dans la boutique. On passa par Milan et on emprunta un tunnel dont la longueur était interminable. Nous restâmes sous terre au moins vingt minutes. En sortant, le sol était couvert de neige. C'était beau.

J'arrivai en Suisse vers 7 heures du matin. J'étais morte de fatigue car je n'avais pas dormi suffisamment. Le siège était inconfortable pour mes jambes et ma posture.

J'étais vraiment heureuse de revoir mon Miki. Je lui sautai dans les bras. Je ne l'avais pas vu depuis six mois.

Pour Noël je lui offris de beaux cadeaux : des espadrilles Kenzo (sa marque préférée), un vêtement à manches longues d'une marque automobile monégasque, un parfum d'Hugo Boss, un tee-shirt ouvert de ma création (fait avec l'amour de mes mains) et une bague de fausse marque Cartier. Lui ne m'avait offert que deux robes d'été thaïlandaises. Il me dit : « Pourquoi tu m'offres autant de cadeaux ? ». Je lui dis : « J'aime offrir à ceux que j'aime. ». Il me répondit qu'il préférait m'offrir des choses exceptionnelles pour mon anniversaire, pas pour Noël.

Je passai de merveilleuses vacances d'hiver. On mangea de la fondue, de la raclette, c'était délicieux. J'en ai encore l'eau à la bouche. Le 27 décembre, nous allâmes en ville avec sa mère faire du shopping et elle m'offrit un beau bracelet Swarovski. Je lui avais offert de mon côté une bouteille de vin français, une montre et un collier. À son père : une bouteille de vin.

Nous nous rendîmes à Zurich en voiture avec son père. Ce fut une belle journée !

Le 31 décembre, nous décidâmes, mon chéri et moi, de nous habiller en *matching couple*. Plein de boutiques proposaient des tenues identiques pour l'occasion. Nous en choisîmes une rouge. C'était mignon.

Au bar, il me commanda une tequila à la fraise. Je goûtais cet apéritif pour la première fois. Je ne le trouvais pas très fort et assez doux. Je ne suis pas très portée sur l'alcool. Je peux boire un peu de Champagne quand il est doux, des vins rosés et des bières panachées Monaco avec beaucoup de grenadine.

Je déteste les vins rouges, les alcools très forts comme le Whisky. Je ne les supporte pas.

Nous passâmes ce reveillon en amoureux, au restaurant. Puis nous sortîmes pour aller voir le feu d'artifice. J'étais un peu en colère car il ne m'avait pas fait de bisou. Pourtant minuit sonnait déjà. Il marchait trop vite. Je me précipitai vers lui en disant : « Miki tu as oublié de me faire un bisou ». Enfin, je l'obtins. Mais il s'énerva car des jeunes lançaient des pétards. Il disait qu'ils ne respectaient rien, que c'était extrêmement dangereux. Il était en colère, comme chaque année. C'était comme s'il avait des tocs. Il répétait : « Regarde, c'est dangereux ça ! Ces jeunes sont insupportables ». Je lui répondis que ce n'était pas la peine d'être fâché le jour de l'an, que j'avais compris, qu'il me l'avait déjà dit mille fois, que je n'avais pas envie d'être malheureuse et que je le serais s'il disait encore des choses négatives et émettait de mauvaises ondes.

Je crus qu'on rentrait chez lui mais il m'emmenait quand même voir le feu d'artifice. Soudain, un gamin balança dans la foule un objet incandescent et on resta à peine cinq minutes.

Le 2 janvier, on alla à Lucerne pour la journée. Il y faisait extrêmement froid. Je me gelais, mon nez coulait. On mangea dans un restaurant thaïlandais ! L'après-midi, on se balada dans les magasins. J'achetai un bonnet avec une petite broderie en forme de drapeau helvétique, des gants suisses avec un flocon de neige et des chocolats ! Nous visitâmes aussi le musée des transports de Lucerne « Luzern Swiss Transport Museum » qui est un endroit génial mais cher. C'est sûr, les prix sont suisses.

Le 4 janvier 2020, je rentrai en France... Nous nous reverrons. Lui viendra me voir en avril et en juillet et j'irai également en Suisse pendant un mois. Nous devons profiter de tous les beaux moments qui se présentent car nous habitons si loin l'un de l'autre.

Nous nous battons pour l'amour malgré la distance ! Je me fiche des kilomètres. Mon cœur est toujours à lui et ne change jamais. L'amour est intense pour mon fiancé, plus grand que la Voie Lactée. C'est indescriptible. Je l'aime énormément.

Cela nous fait bientôt trois ans de relation à distance. On s'est mis e*n couple* le 8 mai 2017. Depuis, notre histoire est un conte ! C'est rare de trouver un *bon homme* vraiment fidèle comme lui. De nos jours les garçons sont en général infidèles et pas sérieux.

Le manque d'accessibilité

Pour les sourds, tout est difficile. Notre vie quotidienne est en décalage. D'un côté celle des sourds, de l'autres celle des entendants. Avec la technologie, évidemment, tout s'améliore. Nous pouvons échanger des textos sur un téléphone avec un inconnu si on a besoin d'aide.

Mais un sourd, même implanté, ne peut pas comprendre quand un entendant parle trop vite. C'est embêtant de demander de répéter plusieurs fois ou d'articuler lentement sans avoir l'air ridicule. C'est embarrassant mais ce n'est la faute de personne. Simplement, les gens doivent comprendre que les sourds ont des difficultés.

Au self drive en voiture (McDo, KFC, Burger King) ce n'est pas du tout pratique car il n'y a qu'un seul micro transmetteur pour commander des menus. Il n'y a pas de caméra pour les sourds... On ne peut pas voir les lèvres.

À la télévision, sur les chaînes de France 2, France 3 on ne voit quasiment pas d'interprète traduisant en LSF ou alors la vignette est si petite qu'on ne distingue rien. Il faudrait que ce soit agrandi mais qui nous demande conseil ? Et parfois les sous-titres, quand il y en a, arrivent trop tard ou sont déformés. Les sourds ont vraiment besoin de voir des sous-titres sur toutes les chaînes ! Pour le cinéma très peu de salles proposent une version originale française sous-titrée (VFST). Ce qui signifie que nous n'avons pas accès aux films français. Heureusement on peut voir des films étrangers en VO.

Dans des lieux publics (restaurant, magasins, services ...) c'est assez difficile quand on veut quelque chose. Il y a beaucoup de risques d'erreurs. D'une façon générale, les entendants ne nous comprennent pas très bien quand nous parlons.

Dans un aéroport, c'est très grand et les sourds peuvent vite être perdus car il n'y a aucune information à l'écran sauf les numéros des vols. Ce sont seulement des messages audios qui informent les voyageurs. Nous sommes obligés de demander aux gens ou bien au service aérien...

Dans les gares, c'est pareil ! Un jour, j'étais tranquillement installée dans le train quand il s'arrêta à Nice-Ville. Des haut-parleurs émettaient des informations mais je n'entendais rien. Les voyageurs quittaient tous le wagon. Je ne comprenais pas. Je demandai à quelqu'un. Il me dit qu'il y avait des problèmes techniques, une panne ou que le train avait été supprimé, que c'était le terminus. Ce n'était pas clair. On ne pense jamais aux sourds dans les lieux publics. Il y a un manque évident d'information alors qu'avec les moyens techniques dont on dispose actuellement il serait tout à fait possible de projeter un personnage en 3D qui s'exprimerait en LSF. Il pourrait être positionné dans le couloir du wagon ou sur un quai. Comme cela les sourds pourraient le voir et comprendre.

Quand un cas de terrorisme survient, les sourds ne réagissent pas. Ils suivent quand même les gens paniqués, demandent ce qui se passe, contactent des amis ou de la famille par sms. Heureusement y a beaucoup de sites spécialisés pour les sourds comme flash info — 100% en langue des signes — et aussi Facebook évidemment ! Les sourds doivent être bien informés et comprendre de ce qui se passe en France ou à l'autre bout du monde.

Je crois que la Fédération des Sourds se bat pour obtenir toujours plus d'accessibilité en LSF. Mais je n'ai jamais vu de personnes sourdes dans la vie politique et encore moins à la télévision. L'accessibilité nous est extrêmement limitée. On a l'impression que le Président nous a oubliés, qu'il rejette tous ceux qui n'entendent pas, au motif que ce n'est pas important. Est-ce qu'on est consultés ? Il y a-t-il des sourds dans les ministères ? Au Gouvernement ? Sommes-nous représentés dans la vie publique ?

Les sourds peuvent conduire. Ils sont très prudents, plus que les entendants. Là encore il faudrait avoir des aménagements comme des lumières avertissant du danger quand quelqu'un klaxonne ou bien des alarmes. Pourquoi on ne met pas un badge « sourd » à l'arrière des véhicules ? Si c'était le cas les entendants pourraient comprendre facilement et faire attention ou au moins ne pas se montrer agressifs et klaxonner à tout va !

Il faut aussi aider les sourds qui veulent passer le permis. Pour les cours on a besoin d'un interprète. Ce n'est pas seulement pour l'examen qu'il nous est nécessaire. Sinon comment peut-on comprendre l'instructeur ? Il est assis à droite et on ne voit pas ses lèvres… Il pourrait y avoir un double miroir qui reflèterait sa bouche. Il existe des écoles de conduite accessibles aux sourds. Ce serait pas mal de les développer !

L'implant cochléaire : les "pour" et les "contre"

L'implant cochléaire est un implant électronique qui vise à fournir un certain niveau d'audition pour des personnes atteintes d'une surdité profonde (surdités endocochléaires profondes) ou sévère et pour des personnes souffrant d'acouphènes. Des électrodes posées chirurgicalement permettent de stimuler directement les terminaisons nerveuses de l'audition situées dans la cochlée.

Les implants cochléaires peuvent aider à fournir une audition partielle chez les personnes dont la surdité est due à des dommages ou à l'absence totale de cils sensoriels dans la cochlée. La qualité du son est différente de celle obtenue par l'audition naturelle, car moins d'informations sonores sont transmises au cerveau. L'implant cochléaire ne fonctionne donc pas dans les cas de surdités dues à l'absence de nerf vestibulocochléaire, mais il peut permettre parfois la transmission parcellaire de quelques informations auditives dans les cas où ce nerf est présent, même sévèrement endommagé.

Les avantages de l’implantation

Les avantages de l’implant c’est qu'il permet d'entendre tous les sons, la musique et aussi les paroles. Mais pas de manière parfaite. Les sourds implantés n’entendent pas comme des personnes entendantes. Les sons qu’ils perçoivent restent artificiels. D’ailleurs, ils parlent différemment à cause de l’implant. Malgré toutes ses imperfections, le gros avantage de l’implant c’est que le sourd est connecté au monde en mouvement et qu'il peut, en théorie, mieux s’intégrer dans un environnement normal.

Avant de dormir, il faut retirer le processeur qui est placé au-dessus de l’oreille et qui fait le lien entre les bruits extérieurs et l’implant logé dans le conduit auditif. On l’enlève aussi pour prendre la douche, pour aller à la piscine ou à la plage. Si on oublie de le retirer il peut tomber en panne ou être endommagé. Il n’est pas résistant à l’eau.

Les désavantages de l’implantation

L’implant fait beaucoup travailler le cerveau et les sourds implantés peuvent être extrêmement fatigués, beaucoup plus que les personnes entendantes.

Certaines personnes qui entendent pour la première fois avec un implant peuvent avoir des effets secondaires comme des maux de tête, une grande fatigue, des vertiges, des acouphènes, des douleurs intenses, une hypersensibilité auditive, une baisse de la vision (due souvent à la fatigue). L'implant peut aussi causer du stress quand on entend des sons désagréables.

Moi, je peux comprendre jusqu'à 70 % quand ce sont des personnes auxquelles je suis habituée qui me parlent. Par exemple : mes parents et mes anciens orthophonistes. Pour comprendre, je dois être habituée à la voix. Si c'est une voix différente, nouvelle je ne comprends que 30 %. C'est embêtant de demander aux gens de répéter plusieurs fois parce qu'on n'a pas compris ou simplement parce qu'on n'a pas l'habitude de les entendre.

Le désavantage de l'implant est aussi la limitation de certaines activités. Les sports violents comme le judo, la boxe, le basket, le vtt extrême ne peuvent être pratiqués… En fait, beaucoup de choses. La plongée sous-marine est aussi interdite car la pression pourrait endommager l'implant à l'intérieur de l'oreille avec des risques d'électrochocs. C'est pareil pour l'avion. Avant de décoller il faut impérativement éteindre son processeur. L'implant est aussi potentiellement dangereux quand on s'évanouit car il est relié au cerveau et peut créer un court-circuit ou une décharge. Le défibrillateur peut aussi être mortel. Il est important de toujours avoir sur soi sa carte de porteur d'implant cochléaire. Au cas où.

Il y a aussi des fois où l'implant cochléaire ne fonctionne plus, soit parce qu'il est trop vieux, soit parce qu'il est en panne. Tous les dix ans il faut repasser sur la table d'opération pour le changer.

Quand mon processeur a un problème, je dois aller le faire réparer dans une entreprise spécialisée. J'ai une assurance qui couvre la plupart des problèmes et une partie du coût des piles que je change tous les deux jours. Ensuite, il faut faire des réglages une fois par an chez un ORL.

Les entendants sont toujours étonnés qu'avec mon implant je puisse entendre les chants d'oiseaux, les cigales, les aboiements, les miaulements de chats mais que je ne parvienne pas à distinguer les mots dans une conversation. J'ai aussi du mal à suivre le rythme mais je peux identifier des instruments de musique, je peux entendre des gens marcher…

J'ai beaucoup de problèmes pour comprendre les gens quand ils parlent. C'est mieux quand les voix sont aiguës ou que la personne crie. Je comprends très mal les voix graves masculines. Pourquoi ? Je n'en sais rien. C'est peut-être lié au fait que le français a une bande de fréquences hertziennes très étroite. Je ne sais pas s'il y a eu des études sur ce sujet et si les sourds, dont les langues ont des bandes passantes plus larges, comme le russe ou l'anglais, parviennent mieux à comprendre les conversations.

D'une façon générale il est très important pour moi de pouvoir voir les lèvres de mon interlocuteur. Donc, s'il vous plaît rasez vos barbes et vos moustaches ! (Je plaisante !)

Il est aussi utile d'avoir des outils adaptés comme le réveil vibreur ou un instrument qui produit une forte lumière pour extraire un sourd de son sommeil.

Désimplantation

Beaucoup de sourds implantés ne supportent pas l'implant car ils souffrent de dépression ou de maux de tête. Ils ont l'impression d'être robotisés. Ce sont les parents entendants qui veulent que leurs enfants soient implantés et ce sont eux qui décident. Ils pensent qu'ils vont entendre, comme par miracle. Que c'est magique ! Mais ils ne connaissent pas la technologie spécifique de l'implant. Ils croient ce que leur disent les chirurgiens.

Quand certains sourds atteignent l'âge adulte,

ils demandent à être désimplantés. C'est une opération qui se passe dans un centre hospitalier.

De plus en plus les sourds s'expriment et disent préférer leur propre identité de sourd, sans implant ni appareil. Ils sont fiers d'être comme ils sont.

D'autres, qui ont été implantés très tôt, ne connaissent pas la langue des signes et oralisent seulement... C'est triste. Aussi, quand ils découvrent la LSF ils ont le sentiment de retrouver leur identité profonde et se battent pour faire accepter la culture sourde. Ils craignent de la voir disparaître.

Une chercheuse, Caroline Baillet, écrit dans une article paru en 2013 dans la revue *Management et Avenir* un texte qui me semble très juste sur la culture sourde. En voici des extraits : *« Les Sourds revendiquent une meilleure connaissance et reconnaissance de leur identité car "être Sourd, c'est être condamné non pas à ne pas entendre, mais à vivre dans un monde qui ne comprend pas les Sourds" (Delaporte, 2002). Se sentant opprimés et incompris en raison, à la fois, de l'image d'handicapés que la société leur renvoie et des affronts qui ont jalonné leur Histoire, on observe de la part de la communauté sourde une certaine mise à distance des entendants et l'expression de la fierté d'être Sourds (Gaucher, 2010). (…). Comme le souligne*

Virole (2011), la culture sourde est une forme culturelle sans détermination sociologique ou ethnique "coextensive aux autres cultures". Par ailleurs, la proximité syntaxique des différentes langues des signes et la similarité des expériences de vie partagées par l'ensemble des Sourds conduisent Sacks (1990) à appréhender la communauté sourde comme un ensemble supranational "comparable à la diaspora juive". Il existe en effet une "communauté d'expériences phénoménologiques"(Virole, 2011) partagées par la plupart des Sourds. Delaporte (2002) cite par exemple l'enfer de l'isolement durant les repas familiaux avec les entendants, la problématique de la surprotection par la famille, la tendance qu'ont les entendants à oublier que les Sourds n'entendent pas (on leur parle en leur tournant le dos par exemple) (...) La LS est également marquée par des métaphores qui lui sont propres : par exemple, "donner son dentier" signifie passer le relais aux jeunes dans une association ou encore, "distribuer des bonbons" exprime le fait d'accorder de faibles concessions pour apaiser des tensions tout à fait justifiées (Delaporte, 2002).»

Pour toutes ces raisons invoquées ci-dessus, certains pensent qu'il ne faut pas implanter tout de suite les enfants jeunes, que ce n'est pas aux parents de décider ! Difficile à dire.

Moi je ne suis pas contre l'implant. Personnellement, j'aime entendre. Je n'aime pas être sourde. Je pense que si je n'avais pas d'implant je serais très anxieuse. La preuve : quand je retire mon processeur j'ai l'impression que mon monde se referme.

Parmi mes amis ou mes relations il y a des sourds qui sont ouvertement engagés contre l'implant. Ils pensent que les médecins et les industriels se font de l'argent sur dos des sourds car le coût global d'un implant est de 45 000 €. C'est très rentable et remboursé entièrement par l'assurance maladie. D'après une étude récente un enfant sur mille naît sourd chaque année en France, dans 80% des cas pour des raisons génétiques. 1 500 implants cochléaires seraient posés en France chaque année et 30 000 dans le monde.

Je respecte les sourds qui n'ont jamais été implantés et ils me respectent aussi. Il s'agit en général d'enfants issus de parents sourds qui, eux-mêmes implantés durant l'enfance, ont rejeté l'implant à l'âge adulte en découvrant la langue des signes. Ces sourds non implantés n'ont pas de moins bons résultats scolaires que nous et possèdent une vraie langue maternelle : la LSF.

Il est aussi important de distinguer les différents types de surdité. Tout le monde ne naît pas avec le même potentiel d'audition.

Il y a la surdité profonde (la mienne comme celle de mon amie Romane), la surdité sévère, la surdité moyenne (celle de mon ami Pat) et la surdité légère. Nos chances sont différentes, dès le départ.

J'ai lu dans un article que les ORL étaient opposés à la langue des signes. Ils trouvent qu'un enfant qui continue à utiliser la langue des signes ne va pas « apprendre à entendre », malgré son implant. Avant 1880, la langue des signes avait donné d'excellents résultats. Il y avait des scientifiques sourds, des gens lettrés. Grâce à la langue des signes les sourds avaient appris à lire et à écrire et maîtrisaient parfaitement le français écrit et les sciences. Et puis il y eut ce congrès de la Fédération mondiale des sourds, à Milan en 1880, qui décréta l'interdiction de la langue des signes à l'école. Les enfants sourds devaient apprendre à oraliser pour pouvoir s'intégrer dans la société. Trois raisons étaient invoquées : la LSF n'était pas une vraie langue (mais une langue de singes), elle ne permettait pas de parler de Dieu, et enfin, elle empêchait de bien respirer et favorisait la tuberculose. La langue des signes a continué à se pratiquer clandestinement, et au sein des associations de sourds mais c'est cette interdiction qui a donné tant d'illettrés parmi les sourds. Il a fallu attendre 2005 pour qu'elle soit reconnue en France comme langue à part entière et que des traducteurs soient recrutés dans les écoles pour traduire aux sourds.

La technologie : l'alliée des sourds

Très jeune je rêvais d'avoir Facebook car je voyais les amies de ma mère qui l'utilisaient souvent. Quand j'eus treize ans, je demandai à mon père l'autorisation d'ouvrir un compte. Il me dit : « D'accord, fais comme tu veux mais sois prudente. ». J'étais vraiment contente. Une fois mon compte créé, le monde des réseaux sociaux m'ouvrit grand ses portes. Je communiquais ! J'étais fascinée... j'avais Instagram et j'adorais poster des photos.

Un jour, je fus victime d'un piratage. C'était horrible ! Un autre jour, je reçus un message d'un inconnu me disant : « Coucou, je peux te demander quelque chose? » Je lui répondis naïvement : « Oui bien sûr ! ». Il avait vraiment besoin de mes services. Après avoir échangé longuement sur messenger il me dit qu'il allait prendre une photo de mon visage pour la mettre à la place de celui d'une actrice porno. Je le suppliai de ne pas faire ce montage et il répondit : « Ahah ! tant pis pour toi ! »

J'étais très déprimée. Je ne savais pas quoi faire... Mon compte Facebook était piraté. C'était affreux. Je perdis tous les amis que j'avais ajoutés.

Pour les jeux sur ordinateur je fus initiée très tôt. Rapidement je maîtrisai la technologie, sans l'aide de personne. À six ans je devins accro à ma toute première console de jeu. À 10 ans j'eus une console Wii. À 12 ans une 3DS. Mais j'arrêtai de jouer sur console quand j'entrai en 4eme et que je découvris le Smartphone qui était mille fois plus performant.

À 9 ans, j'eus mon premier portable à clapet et je sus aussitôt me servir de toutes ses fonctions. En 6ème, j'eus un Nokia 5310 XpressMusic de couleur rouge, c'était assez pratique car il y avait des touches très longue pour textoter. Quelques mois plus tard, mon père m'acheta un smartphone puis un Samsung Galaxy Young de couleur rose. Dessus, j'y collai des stickers très *girly.*

En 5ème, je m'intéressai à la marque Apple. J'eus un Iphone 4 que je maîtrisai rapidement. En 4ème, j'obtins un Iphone 5s! En 3ème, je rejetai la marque américaine et me tournai vers un Samsung S6 Edge Galaxy. Je l'adorais et le gardai en seconde et en première. En terminale, on m'offrit un

Samsung C9 car le chiffre neuf est mon porte-bonheur et aussi le jour de mon anniversaire.

Depuis un an et demi j'ai un Xiaomi Mi Max 2, une marque chinoise qui a de très bonnes performances.

Comme je me suis mise à la technologie très jeune, j'ai développé mes capacités. Je suis très forte et je peux régler tout un tas de problèmes techniques. J'aide parfois mes parents, mon oncle … Je leur montre comment on utilise un Smartphone et toutes les démarches qu'ils peuvent accomplir grâce à leur portable. Ils sont fiers de moi car je suis très intelligente.

Quand j'étais lycéenne je jouais toujours sur mon téléphone mais cela me faisait perdre du temps... J'étais scotchée sur les réseaux sociaux et, le week-end, je n'arrivais pas à ranger ma chambre. J'étais en mode « fainéant ». Mes parents en avaient marre de moi...

Vers l'âge de 19 ans, je découvris l'achat en ligne grâce à ma nouvelle carte bancaire. Avant, je devais toujours demander à mon père. Avec la carte je devenais autonome et commandais moi-même sur Aliexpress, Amazon ou autre.

Mon père espionne toujours mon compte et veut savoir si je dépense ou pas…j'ai l'impression que mes parents me surveillent.

Vous allez sans doute penser que c'est fou d'avoir eu tant de nouveaux portables. Mais ce qu'il faut savoir c'est que cet outil est devenu indispensable pour la communication des sourds. Plus il est perfectionné, mieux c'est. Quand j'enregistre ma prof de mode, par exemple, et que les mots se transforment en texte il me faut de la qualité ! Quand je veux parler à un ami en langue des signes en mode selfie-vidéo, l'image doit être correcte !

La technologie a révolutionné notre monde. Nous, les sourds, nous sommes hyperconnectés et hyperactifs sur les réseaux sociaux. À titre d'exemple les célèbres acteurs sourds, artistes et influenceurs Nyle Dimarco (USA), Nico Dimarco (USA), Igor Djenge (USA), Baran (Allemagne), Boryana Topchieva (Bulgarie), Bulent Yildirim (Turquie) et plein d'autres.

Moi, je suis très connectée : Facebook, Instagram, Snapchat…

La vie quotidienne d'une jeune étudiante

Actuellement, je suis étudiante en deuxième année de haute couture dans une école privée de Cannes.

Je me réveille chaque jour à 5h de matin. Je n'ai pas envie de me lever et je traîne au lit pendant quinze minutes. Puis je me bouge. À 7h10 je quitte la maison.

Je prends le train à la gare de Monaco car j'habite dans la commune de Beausoleil qui se trouve à dix minutes à pied de la Principauté.

Le trajet en train dure 1h10. Mon école est située derrière la gare de Cannes. J'y suis avant 9h.

Je travaille seule sur la robe de haute couture comme tous les élèves et parfois j'appelle ma prof pour obtenir de l'aide. Quand Mme Buffet nous réunit pour faire la démonstration d'une technique de couture, j'utilise une application qui transforme la voix en écriture, directement sur mon téléphone. Je comprends 70% de ce qu'elle dit. Quand j'hésite, je regarde la transcription.

Je n'ai aucune difficulté relationnelle avec les camarades de mon école. Je me sens à l'aise et en confiance.

Je travaille de manière autonome. Je fais par exemple le dessin d'une robe et demande à ma prof ce qu'elle en pense, si mon idée n'est pas trop dure à réaliser

Si c'est bon, je crée les patrons en papier kraft brun puis je les pose sur la toile du mannequin de couturier. C'est long à expliquer. En bref, c'est comme un travail dans un atelier de mode. La différence c'est que j'apprends chaque jour de nouvelles techniques.

Je suis de retour chez moi vers 15 heures. Je fais de la musculation quatre fois par semaine à la salle de fitness. J'ai commencé en août pour réduire mon stress, être moins déprimée et en bonne santé. Aussi pour me sentir mieux, sans inquiétude et paraître plus athlétique.

J'aime aussi faire la cuisine. Ça me détend.

Je me repose en regardant les réseaux sociaux ou des vidéos sur YouTube. Parfois, je fais des devoirs de mode, c'est dur... Quand je suis morte de fatigue, je dors tout l'après-midi en retirant mon processeur.

Ma mère rentre du travail après 14h. Mon père

termine à 13h ou 21h selon son emploi du temps.

À 18h, je prépare à manger, je me douche puis je surfe sur les réseaux sociaux. Je me couche après 22h. Je retire mon processeur et là mon cerveau se repose. Autour de moi c'est le silence complet.

En mars, j'ai rempli un dossier pour obtenir l'AAH (l'Allocation aux adultes handicapés). L'idée était de devenir plus adulte, de moins dépendre de mes parents. Mais il manquait toujours quelque chose. On a dû le remplir plusieurs fois. Finalement, mon père a tout envoyé à son jeune frère qui sait comment s'y prendre avec les documents administratifs.

Puis j'ai eu l'idée de demander à une amie dont la mère travaille à la caisse d'allocations familiales, la CAF. C'est cette caisse qui paye l'AAH. Elle s'est occupée de tout et j'ai enfin touché mon allocation en décembre !

Pour nous, les sourds, c'est très difficile d'obtenir l'AAH quand on est implantés ou appareillés. L'État s'imagine certainement que nous n'avons plus aucun problème et que l'implant remplace une audition normale ! Il faut produire des dizaines de documents médicaux, retourner voir l'ORL plusieurs fois, attester qu'on est sourd !

Franchement ce n'est pas facile! Mais il faut apprendre à remplir ces dossiers le plus tôt possible. Beaucoup de sourds ne savent pas comment faire et s'en remettent à l'assistante sociale de la commune dont ils dépendent.

Cette année encore mon école a été très présente durant le Carnaval de Nice qui était dédié au génie de Karl Lagerfeld.

Ce créateur qui nous a quittés l'an dernier m'inspire depuis que j'ai douze ans. J'adore son côté pop et son utilisation du noir.

J'en suis à mon dixième défilé en deux ans. J'aime regarder mes créations sur les mannequins que j'habille, notamment sur Manelle Souahlia qui est devenue Miss Côte d'Azur.

DR

Création de Christelle Luongkhan, "Badass Karl Woman" (Chemise en hommage à Karl L), Carnaval de Nice, 2020.

DR

Création de Christelle Luongkhan, "Red Joker" (Body noir et jupe longue rouge majestueuse), Carnaval de Nice, 2020.

DR

Création de Christelle Luongkhan, "Flash Neon" (robe colorée rose fuchsia, jaune vif, violet), Carnaval de Nice, 2020.

DR

"Red Joker" de Christelle Luongkhan (Body noir et jupe longue rouge majestueuse). La créatrice et son mannequin, Carnaval de Nice, 2020.

REMERCIEMENTS

Je remercie en premier lieu ma collègue Kseniya Hoedemaker qui m'a permis de rencontrer Chantal, mon éditrice. Je remercie cette dernière qui m'a accompagnée tout au long de la rédaction de mon livre, a cru très fort en moi et m'a donné la possibilité de parler au nom du peuple sourd. Je remercie du fond du coeur ma meilleure amie Romane qui a fait un si beau dessin pour la couverture de mon livre. Je remercie tous les membres du corps médical et pédagogique, mes AVS, mes interprètes, mes orthophonistes… toutes ces personnes qui se sont tellement investies pour que je réussisse. Je remercie Mme Aline Buffet, mon professeur de haute couture, dont j'aimerais suivre l'exemple. Je remercie toutes celles et ceux, rencontrés au Carnaval de Nice 2020 qui m'ont autorisée à utiliser leurs photos et leur droit à l'image. Je remercie bien évidemment mes parents qui me soutiennent depuis toujours.

Et je remercie le chéri de ma vie Michael Leupi qui m'aime, m'écoute et me comprend.

COUVERTURE

Illustration de Romane Maltese, 22 ans.

Romane est l'amie d'enfance de Christelle.

Sourde profonde, elle étudie l'illustration

et rêve de devenir

la première sourde mangaka.

Afin de sensibiliser les jeunes au handicap,
RENAISSENS
confie l'illustration de ses couvertures
à des jeunes, en général, de moins de vingt ans.

Pour participer à la sélection des prochaines couvertures
rendez-vous sur la page du site Renaissens

http://www.renaissens-editions.fr/projet-jeunes/

ISBN : 978-2-491157-04-3

Dépôt légal : février 2020